Scripture Therapy™
DAILY DEVOTIONAL
for SUCCESS

Effective Help for Christians in Conquering
Life's Difficult and Challenging Issues

BENJAMIN OPALEYE

Scripture Therapy Daily Devotional for Success

Published in Great Britain in 2014 by Scripture Therapy Resources Ltd,
P. O Box 68475
London N16 1EJ
UK

www.ScriptureTherapy.com

Text and illustrations Copyright © Benjamin Opaleye, 2014

The right of Benjamin Opaleye to be identified as the author and illustrator of this work has been asserted in accordance with the Copyright, Design and Patents Act, 1988.

All rights reserved. This book or parts thereof may not be copied, reproduced, stored in a retrieval system, or transmitted in any form by any means-electronic, mechanical, photocopy, recording, or otherwise without prior written permission of the publisher.

The intent of this book is to provide accurately quoted scriptures from various versions of the Bible. It is sold with the understanding that the publisher and author are not attempting to render advice, prescriptions, psychological, financial, legal, or other professional services. If expert assistance or counselling is needed, the services of an appropriate professional should be sought.

Scripture quotations marked (GNB) are taken from the Good News Bible © 1994 published by the Bible Societies/HarperCollins Publishers Ltd., UK Good News Bible © American Bible Society 1966, 1971, 1976, 1992, Used with permission.

Scripture quotations marked (CEV) are from the Contemporary English Version © American Bible Society 1991, 1992, 1995. Used by permission/Anglicisations © British & Foreign Bible Society 1997.

Scripture quotations marked (AMP) are taken from the AMPLIFIED BIBLE. Copyright © 1954, 1958, 1962, 1964, 1965, 1987 by The Lockman Foundation. All rights reserved. Used by permission. (www.Lockman.org)

British Library Cataloguing in Publication Data.
A catalogue record for this book is available from the British Library.

ISBN: 978-0-9576826-3-4

Printed and bound in Great Britain

Dedication

This book is dedicated to every person desiring to experience a happier, healthier, more fulfilling life. May you always find strength and wisdom from the scriptures to overcome life's every challenge.

—*Benjamin Opaleye*

*"Everything in the Scriptures is God's Word.
All of it is useful for teaching and helping people
and for correcting them and showing them how to live."*
— *II Timothy 3:16 (CEV)*

Contents

Preface
How to get the Most out of This Devotional

Section 1
Scripture Therapy To Help Overcome
BEHAVIOUR ISSUES 13

Chapter 1: Controlling your Anger 14
Read On: Jan 1st | Feb 26th | April 22nd | June 17th | Aug 12th | Oct 7th | Dec 2nd

Chapter 2: Controlling what you say 18
Read on: Jan 2nd | Feb 27th | April 23rd | June 18th | Aug 13th | Oct 8th | Dec 3rd

Chapter 3: Self Control 21
Read on: Jan 3rd | Feb 28th | April 24th | June 19th | Aug 14th | Oct 9th | Dec 4th

Chapter 4: Stubbornness & Defiance 26
Read on: Jan 4th | Feb 29th | April 25th | June 20th | Aug 15th | Oct 10th | Dec 5th

Chapter 5: Addictions & Temptations 29
Read on: Jan 5th | Mar 1st | April 26th | June 21st | Aug 16th | Oct 11th | Dec 6th

Chapter 6: Sexual Temptations 34
Read on: Jan 6th | Mar 2nd | April 27th | June 22nd | Aug 17th | Oct 12th | Dec 7th

Chapter 7: Overcoming Hatred 37
Read on: Jan 7th | Mar 3rd | April 28th | June 23rd | Aug 18th | Oct 13th | Dec 8th

Chapter 8: Conquering Laziness 41
Read on: Jan 8th | Mar 4th | April 29th | June 24th | Aug 19th | Oct 14th | Dec 9th

Chapter 9: Self Destructive Behaviour 44
Read on: Jan 9th | Mar 5th | April 30th | June 25th | Aug 20th | Oct 15th | Dece 10th

Chapter 10: Honesty 47
Read on: Jan 10th | Mar 6th | May 1st | June 26th | Aug21st | Oct 16th | Dec 11th

Chapter 11: Pride & Arrogance 50
Read on: Jan 11th | Mar 7th | May 2nd | June 27th | Aug 22nd | Oct 17th | Dec 12th

Chapter 12: Character & Integrity 53
Read on: Jan 12th | Mar 8th | May 3rd | June 28th | Aug 23rd | Oct 18th | Dec13th

Chapter 13: Selfishness 57
Read on: Jan 13th | Mar 9th | May 4th | June 29th | Aug 24th | Oct 19th | Dec 14th

Chapter 14: A Sinful Lifestyle 61
Read on: Jan 14th | Mar 10th | May 5th | June 30th | Aug 25th | Oct 20th | Dec15th

Chapter 15: Forgiveness 65
Read on: Jan 15th | Mar 11th | May 6th | July 1st | Aug 26th | Oct 21st | Dec 16th

Chapter 16: Being Humble 69
Read on: Jan 16th | Mar 12th | May 7th | July 2nd | Aug 27th | Oct 22nd | Dec 17th

Chapter 17: Being Kind to Others 73
Read on: Jan 17th | Mar 13th | May 8th | July 3rd | Aug 28th | Octr 23rd | Dec 18th

Chapter 18: Patience 77
Read on: Jan 18th | Mar 14th | May 9th | July 4th | Aug 29th | Oct 24th | Dec 19th

Chapter 19: Backsliding 81
Read on: Jan 19th | Mar 15th | May 10th | July 5th | Aug 30th | Oct 25th | Dec 20th

Chapter 20: Obeying God's Commands 88
Read on: Jan 20th | Mar 16th | May 11th | July 6th | Aug 31st | Oct 26th | Dec 21st

Chapter 21: Quitting Unlawful Behaviour 92
Read on: Jan 21st | Mar 17th | May 12th | July 7th | Sept 1st | Oct 27th | Dec 22nd

Section 2
Scripture Therapy To Help Overcome
EMOTIONAL & HEATH ISSUES 97

Chapter 22: Depression 98
Read on: Jan 22nd | Mar 18th | May 13th | July 8th | Sept 2nd | Oct 28th | Dec 23rd

Chapter 23: Sadness 102
Read on: Jan 23rd | Mar 19th | May 14th | July 9th | Sept 3rd | Oct 29th | Dec 24th

Chapter 24: Peace of Mind 107
Read on: Jan 24th | Mar 20th | May 15th | July 10th | Sept 4th | Oct 30th | Dec 25th

Chapter 25: Guilt 111
Read on: Jan 25th | Mar 21st | May 16th | July 11th | Sept 5th | Oct 31st | Dec 26th

Chapter 26: Discouragement 116
Read on: Jan 26th | Mar 22nd | May 17th | July 12th | Sept 6th | Nov 1st | Dec 27th

Chapter 27: Health 122
Read on: Jan 27th | Mar 23rd | May 18th | July 13th | Sept 7th | Nov 2nd | Dec 28th

Chapter 28: Long Life 126
Read on: Jan 28th | Mar 24th | May 19th | July 14th | Septr 8th | Nov 3rd | Dec 29th

Section 3
Scripture Therapy To Help Overcome
FINANCIAL & SUCCESS ISSUES 131

Chapter 29: Overcoming Poverty 132
Read on: Jan 29th | Mar 25th | May 20th | July 15th | Sept 9th | Nov 4th | Dec 30th

Chapter 30: God's way of Prospering 135
Read on: Jan 30th | Mar 26th | May 21st | July 16th | Sept 10th | Nov 5th | Dec 31st

Chapter 31: Achieving Success 140
Read on: Jan 31st | Mar 27th | May 22nd | July 17th | Sept 11th | Nov 6th

Chapter 32: God's Blessings 144
Read on: Feb 1st | Mar 28th | May 23rd | July 18th | Sept 12th | Nov 7th
Chapter 33: Wisdom for Success 149
Read on: Feb 2nd | Mar 29th | May 24th | July 19th | Sept 13th | Nov 8th
Chapter 34: Wisdom for Guidance 153
Read on: Feb 3rd | Mar 30th | May 25th | July 20th | Sept 14th | Nov 9th
Chapter 35: Importance of Tithe & Offerings 157
Read on: Feb 4th | Mar 31st | May 26th | July 21st | Sept 15th | Nov 10th

Section 4
Scripture Therapy To Help Overcome
RELATIONSHIP ISSUES 163

Chapter 36: Loving People 164
Read on: Feb 5th | April 1st | May 27th | July 22nd | Sept 16th | Nov 11th
Chapter 37: Having Children 168
Read on: Feb 6th | April 2nd | May 28th | July 23rd | Sept 17th | Nov 12th
Chapter 38: Being a Good Friend 173
Read on: Feb 7th | April 3rd | May 29th | July 24th | Sept 18th | Nov 13th
Chapter 39: Being a Good Husband 177
Read on: Feb 8th | April 4th | May 30th | July 25th | Sept 19th | Nov 14th
Chapter 40: Being a Good Wife 182
Read on: Feb 9th | April 5th | May 31st | July 26th | Sept 20th | Nov 15th
Chapter 41: Expressing Romantic Love .187
Read on: Feb 10th | April 6th | June 1st | July 27th | Sept 21st | Nov 16th
Chapter 42: Grieving the Loss of a Loved One 191
Read on: Feb 11th | April 7th | June 2nd | July 28th | Sept 22nd | Nov 17th

Section 5
Scripture Therapy To Help Overcome
SPIRITUAL GROWTH ISSUES 195

Chapter 43: Understanding God 196
Read on: Feb 12th | April 8th | June 3rd | July 29th | Sept 23rd | Nov 18th
Chapter 44: Being Faithful to God 199
Read on: Feb 13th | April 9th | June 4th | July 30th | Sept 24th | Nov 19th
Chapter 45: Living as a Christian 203
Read on: Feb 14th | April 10th | June 5th | July 31st | Sept 25th | Nov 20th
Chapter 46: Having Faith in God 207
Read on: Feb 15th | April 11th | June 6th | Aug 1st | Septr 26th | Nov 21st
Chapter 47: God's Loving Kindness 211
Read on: Feb 16th | April 12th | June 7th | Aug 2nd | Sept 27th | Nov 22nd

Chapter 48: God's Protection..............................215
Read on: Feb 17th | April 13th | June 8th | Aug 3rd | Sept 28th | Nov 23rd

Chapter 49: Living Holy..................................219
Read on: Feb 18th | April 14th | June 9th | Aug 4th | Sept 29th | Nov 24th

Chapter 50: Your Relationship with Jesus................ 223
Read on: Feb 19th | April 15th | June 10th | Aug 5th | Sept 30th | Nov 25th

Chapter 51: The Holy Spirit............................. 228
Read on: Feb 20th | April 16th | June 11th | Aug 6th | Oct 1st | Nov 26th

Chapter 52: Your Prayer Life............................ 233
Read on: Feb 21st | April 17th | June 12th | Aug 7th | Oct 2nd | Nov 27th

Chapter 53: Your Praise & Worship Life.................. 237
Read on: Feb 22nd | April 18th | June 13th | Aug 8th | Oct 3rd | Nov 28th

Chapter 54: Your Baptism................................241
Read on: Feb 23rd | April 19th | June 14th | Aug 9th | Oct 4th | No 29th

Chapter 55: Fasting & Prayer............................ 246
Read on: Feb 24th | April 20th | June 15th | Aug 10th | Oct 5th | Novr 30th

Chapter 56: Overcoming the Evil One.....................251
Read on: Feb 25th | April 21st | June 16th | Aug 11th | Oct 6th | Dec 1st

Other Scripture Therapy Daily Devotionals.............. 255
Testimonial Reports.................................... 256

Preface

Life can be a really wonderful experience particularly when all is going well for us and we have little or no worrying problems to have to deal with. But as we all know every now and then we find ourselves faced with difficult and challenging issues which need to be dealt with quickly and effectively otherwise they end up stealing away our joy and happiness.

From my years of experience as a professional counselling therapist I have come across many well meaning people both young and old who struggle with trying to overcome challenging issues in their lives. Having been through a few challenges myself I am no stranger to the stress that comes when faced with overwhelming situations. One of the main reasons why I created the *Scripture Therapy Daily Devotional* series is to provide user-friendly books that apply biblical scripture as a means of self-help therapy for dealing with life's difficult and challenging issues.

Biblical scriptures can help immensely in ones journey through life. The wisdom they contain provides guidance to help overcome many of life's challenges. It should be no secret to any Christian that the source of wisdom and knowledge to overcome any of life's difficult and challenging issues can be found in the Word of God. This is nothing new as it is taught in churches all over the world.

Each title in the Scripture Therapy Daily Devotional series is specifically designed to be user-friendly for its intended audience. The content of each book focuses on helping to change unhealthy thoughts, behaviours and emotions that prevent the enjoyment of a happy, healthy, more fulfilling life. They also serve as a valuable source of wisdom and knowledge to enrich life and support the accomplishment of goals, dreams and desires.

It is my desire and prayer therefore that this devotional does all it was created to do in the life of its reader. May you always find strength and wisdom from the scriptures to overcome any of life's difficult and challenging issues.

God Bless
Benjamin Opaleye

How to Get The Most Out of This Devotional

CELL GROUP / HOME FELLOWSHIP Bible Study Programme

STEP 1: Meet weekly in home cell groups for fellowship, fun, and Bible study.
STEP 2: Select a fresh topic for study and discussion using either the Men, Women, Teen or Success Devotional.
STEP 3: Read out the scriptures in the topic you have chosen to study.
STEP 4: Each person should then highlight in their devotional 3 inspirational and uplifting scriptures and share with the group how the scriptures inspire them. Allow each person 5 minutes to express their thoughts and feelings.
STEP 5: Allow an additional 20-30 minutes for open and interactive discussion. Share testimonies and practical experiences of how scriptures have come alive in your lives or in the lives of others you know of.
STEP 6: The group leader can round up by praying for everyone.

The Men, Women, and Teen Devotional contain identical scriptures and can be used in the same Bible study group.

PERSONAL Bible Study Programme

STEP 1: Dedicate a time to read at least one topic from your devotional daily.
STEP 2: Use the contents page to help guide you in selecting a fresh topic.
STEP 3: Highlight 3 inspirational and uplifting scriptures from each topic and think on those scriptures throughout your day.
STEP 4: Do not deceive yourselves by just listening to his word; instead, put it into practice. – **James 1:22 (GNB)**

COUPLES Bible Study Programme

STEP 1: Dedicate a special time each week to come together as a couple for a few minutes of intimate Bible study.
STEP 2: Take turns in selecting a fresh topic for study and discussion using either the Men, Women, or Success Devotional.

Scripture Therapy Daily Devotional For Success

STEP 3: Read through the scriptures in the topic you have chosen to study.
STEP 4: Highlight in your individual devotionals 3 inspirational and uplifting scriptures and share with each other why you feel inspired by them. Allow 10 minutes each to express your inspired thoughts and feelings.
STEP 5: Allow an additional 20-30 minutes for open and interactive discussion. Share testimonies and practical experiences of how scriptures have come alive in your lives or in the lives of others you know of.
STEP 6: Round up by praying for each other.

FAMILY Bible Study Programme

STEP 1: Dedicate a time each week for family fellowship, fun, and Bible study.
STEP 2: Select a fresh topic for study and discussion using either the Men, Women, Teen or Success Devotional.
STEP 3: Read out the scriptures in the topic you have chosen to study.
STEP 4: Each family member should then highlight in their devotional 3 inspirational and uplifting scriptures and share how the scriptures inspire them. Allow 5 minutes each to express your inspired thoughts and feelings.
STEP 5: Allow an additional 20-30 minutes for open and interactive discussion. Share testimonies and practical experiences of how you have seen scriptures come alive in your lives or in the lives of others you know of.
STEP 6: Round up by praying for members of the family.

The Men, Women, Teen and Children's Devotional contain identical scriptures and can be used in the same Bible study group.

YOUTH GROUP Bible Study Programme

STEP 1: Meet weekly in youth groups for fun, fellowship and Bible study.
STEP 2: Select a fresh topic for study and discussion using either the Men, Women, or Teen Devotional.
STEP 3: Read out the scriptures in the topic you have chosen to study.
STEP 4: Each person should then highlight in their devotional 3 inspirational and uplifting scriptures and share with the group how the scriptures inspire them. Allow each person 5 minutes to express their thoughts and feelings.
STEP 5: Allow an additional 20-30 minutes for open and interactive discussion. Share testimonies and practical experiences of how scriptures have come alive in your lives or in the lives of others you know of.
STEP 6: The group leader can round up by praying for everyone.

For youth aged 20 and above use the Men and Women Devotional in place of the Teen. All 3 devotionals contain identical scriptures and can be used in the same Bible study group.

CHILDREN'S Bible Study Programme

STEP 1: Meet weekly with children for fellowship, fun, and Bible study.

STEP 2: Use the children's devotional to select a topic for study and discussion.

STEP 3: Provide a short explanation of what the topic is all about.

STEP 4: Read or allow the kids to read aloud the scriptures in the chosen topic.

STEP 5: Select 2 or 3 scriptures and use them to tell stories to the children. This can be demonstrated through drama skits and play acting involving the kids.

SECTION 1

SCRIPTURE THERAPY™
to Help Overcome
BEHAVIOUR ISSUES

TOPICS

Chapter 1: *Controlling Your Anger*
Chapter 2: *Controlling what you say*
Chapter 3: *Self Control*
Chapter 4: *Stubbornness & Defiance*
Chapter 5: *Addictions & Temptations*
Chapter 6: *Sexual Temptations*
Chapter 7: *Overcoming Hatred*
Chapter 8: *Conquering Laziness*
Chapter 9: *Self Destructive Behaviour*
Chapter 10: *Honesty*
Chapter 11: *Pride & Arrogance*
Chapter 12: *Character & Integrity*
Chapter 13: *Selfishness*
Chapter 14: *A Sinful Lifestyle*
Chapter 15: *Forgiveness*
Chapter 16: *Being Humble*
Chapter 17: *Being Kind to Others*
Chapter 18: *Patience*
Chapter 19: *Backsliding*
Chapter 20: *Obeying God's Commands*
Chapter 21: *Quitting Unlawful Behaviour*

Chapter 1
Controlling Your Anger

Read On: Jan 1st | Feb 26th | April 22nd | June 17th | Aug 12th | Oct 7th | Dec 2nd

1) People with a **hot temper** do foolish things; **wiser** people **remain calm.** — *Proverbs 14:17 (GNB)*

2) He who is **slow to anger** has great **understanding,** but he who is **hasty of spirit** exposes and exalts his folly. — *Proverbs 14:29 (AMP)*

3) A kind answer soothes **angry feelings,** but **harsh words** stir them up. — *Proverbs 15:1 (CEV)*

4) Hot tempers cause **arguments,** but **patience** brings peace. — *Proverbs 15:18 (GNB)*

5) A **wise person** will try to keep the king **happy;** if the King **becomes angry,** someone may die. — *Proverbs 16:14 (GNB)*

6) He who is slow to **anger** is better than the mighty, **he who rules his [own] spirit** than he who takes a city. — *Proverbs 16:32 (AMP)*

7) **Help your relatives** and they will **protect** you like a strong city wall, but if you **quarrel** with them, they will **close their doors to you.** — *Proverbs 18:19 (GNB)*

8) If you are sensible, you will **control your temper.** When someone **wrongs you,** it is a great virtue to **ignore it.** — *Proverbs 19:11 (GNB)*

9) The king's wrath is as **terrifying** as the roaring of a lion, **but his favor** is as [refreshing as] dew upon the grass. — *Proverbs 19:12 (AMP)*

10) If someone is angry with you, a gift given secretly **will calm him down.** — *Proverbs 21:14 (GNB)*

11) It's better out in the desert than at home with **a nagging, complaining wife.** — *Proverbs 21:19 (CEV)*

12) Don't make friends with people who **have hot, violent tempers.** ²⁵You might learn their **habits** and not be able to change. — *Proverbs 22:24-25 (GNB)*

13) **Patience** and **gentle talk** can convince a ruler and **overcome** any problem. — *Proverbs 25:15 (CEV)*

14) **Gossip brings anger** just as surely as the north wind brings rain. — *Proverbs 25:23 (GNB)*

15) If you cannot **control your anger,** you are as **helpless** as a city without walls, **open to attack.** — *Proverbs 25:28 (GNB)*

16) An **angry** person is **dangerous,** but a **jealous** person is **even worse.** — *Proverbs 27:4 (CEV)*

17) Stupid people **express** their **anger openly,** but **sensible** people are **patient** and **hold it back.** — *Proverbs 29:11 (GNB)*

18) A person with a **quick temper** stirs up **arguments** and commits a **lot of sins.** — *Proverbs 29:22 (CEV)*

19) Keep your temper **under control;** it is foolish to harbour a grudge. — *Ecclesiastes 7:9 (GNB)*

20) If your ruler becomes **angry with you,** do not **hand in your resignation;** serious wrongs may be pardoned if you keep **calm.** — *Ecclesiastes 10:4 (GNB)*

21) God is the one who makes us **patient** and **cheerful.** I pray that he will help you **live at peace** with **each other,** as you follow **Christ.** — *Romans 15:5 (CEV)*

22) But we have **kept** ourselves **pure** and have been **understanding, patient,** and **kind.** The **Holy Spirit** has been **with us,** and our **love** has been **real.** — *2 Corinthians 6:6 (CEV)*

23) But the fruit of the [Holy] Spirit [the work which His presence within accomplishes] is love, joy (gladness), peace, patience (an even temper, forbearance), kindness, goodness (benevolence), faithfulness, [23]Gentleness (meekness, humility), self-control (self-restraint, continence). Against such things there is no law [that can bring a charge]. — *Galatians 5:22-23 (AMP)*

24) Don't get so angry that you sin. Don't go to bed angry [27]and don't give the devil a chance. — *Ephesians 4:26-27 (CEV)*

25) Stop being bitter and angry with others. Don't yell at one another or curse each other or ever be rude. — *Ephesians 4:31 (CEV)*

27) But now you must stop doing such things. You must stop being angry, hateful, and evil. You must no longer say insulting or cruel things about others. — *Colossians 3:8 (CEV)*

26) Fathers, do not irritate and provoke your children to anger [do not exasperate them to resentment], but rear them [tenderly] in the training and discipline and the counsel and admonition of the Lord. — *Ephesians 6:4 (AMP)*

28) God loves you and has chosen you as his own special people. So be gentle, kind, humble, meek, and patient. — *Colossians 3:12 (CEV)*

29) Put up with each other, and forgive anyone who does you wrong, just as Christ has forgiven you. — *Colossians 3:13 (CEV)*

30) Parents, don't be hard on your children. If you are, they might give up. — *Colossians 3:21 (CEV)*

Scripture Therapy Daily Devotional For Success

31) I want **everyone** everywhere to lift **innocent hands** towards heaven and **pray,** without being **angry** or **arguing** with each other. — *1 Timothy 2:8 (CEV)*

32) But keep **away** from **foolish** and **ignorant arguments;** you know that they **end up in quarrels.** — *2 Timothy 2:23 (GNB)*

33) As the **Lord's servant,** you must not **quarrel.** You must be **kind** towards all, a **good** and **patient** teacher, ²⁵**gentle** as you **correct** your opponents, for it may be that **God** will give them the opportunity to **repent** and come to **know** the **truth.** — *2 Timothy 2:24-25 (GNB)*

34) And the **servant of the Lord** must not be **quarrelsome (fighting and contending).** Instead, he must be **kindly to everyone** and **mild-tempered** [preserving the bond of **peace**]; he must be a **skilled** and **suitable teacher, patient** and forbearing and **willing to suffer wrong.** ²⁵He must correct his opponents with **courtesy** and **gentleness,** in the hope that God may grant that they will repent and come to know the Truth [that they will **perceive** and **recognize** and become accurately acquainted with and **acknowledge** it]. — *2 Timothy 2:24-25 (AMP)*

35) And then they will come to their **senses** and **escape** from the trap of the Devil, who had **caught** them and made them **obey** his will. — *2 Timothy 2:26 (GNB)*

36) Church officials are in charge of God's work, and so they must also have a **good reputation.** They must not be **bossy, quick-tempered, heavy drinkers, bullies,** or **dishonest in business.** — *Titus 1:7 (CEV)*

37) Remember this, my dear brothers and sisters! Everyone must be **quick to listen,** but slow to speak and **slow to become angry.** — *James 1:19 (GNB)*

38) If you are **angry,** you cannot **do** any of the **good** things that **God** wants done. — *James 1:20 (CEV)*

Chapter 2
Controlling What You Say

Read On: Jan 2nd | Feb 27th | April 23rd | June 18th | Aug 13th | Oct 8th | Dec 3rd

1) Never tell **lies** or be **deceitful** in what you **say.** — *Proverbs 4:24 (CEV)*

2) If you have **good sense,** you will **learn** all you can, but **foolish talk** will soon **destroy** you. — *Proverbs 10:14 (CEV)*

3) You will say the **wrong** thing if you talk **too much** — so be **sensible** and **watch** what you **say.** — *Proverbs 10:19 (CEV)*

4) **Sensible** people keep **quiet** about what they know, but **stupid** people **advertise** their **ignorance.** — *Proverbs 12:23 (GNB)*

5) Keep what you know to **yourself,** and you will be **safe; talk too much,** and you are **done for.** — *Proverbs 13:3 (CEV)*

6) **Sensible** people always **think** before they **act,** but stupid people **advertise** their **ignorance.** — *Proverbs 13:16 (GNB)*

7) **Proud fools talk too much;** the **words** of the wise **protect** them. — *Proverbs 14:3 (GNB)*

8) Fools **don't care** if they are **wrong,** but God is pleased when people do **right.** — *Proverbs 14:9 (CEV)*

9) Only a stupid fool is never **cautious** — so be extra careful **and stay out of trouble.** — *Proverbs 14:16 (CEV)*

11) Intelligent people **think** before they **speak;** what they say is then more **persuasive.** — *Proverbs 16:23 (GNB)*

10) Good people **think** before they **answer.** Evil people have a **quick reply,** but it causes **trouble.** — *Proverbs 15:28 (GNB)*

12) The **start** of an **argument** is like the first break in a dam; **stop it** before it goes any **further.** — *Proverbs 17:14 (GNB)*

Scripture Therapy Daily Devotional For Success

13) It makes a lot of **sense** to be a person of few **words** and to stay **calm.** — *Proverbs 17:27 (CEV)*

14) After all, even a fool may be thought **wise** and **intelligent** if he stays **quiet** and **keeps** his **mouth** shut. — *Proverbs 17:28 (GNB)*

15) Wrongdoing leads to **shame** and **disgrace.** — *Proverbs 18:3 (CEV)*

16) **Listen** before you **answer.** If you don't you are being **stupid** and **insulting.** — *Proverbs 18:13 (GNB)*

17) You will have to **live** with the **consequences** of **everything** you **say.** — *Proverbs 18:20 (GNB)*

18) Death and life are in the **power** of the **tongue,** and they who indulge in it shall **eat** the **fruit** of it [for death or **life**]. — *Proverbs 18:21 (AMP)*

19) Some people **ruin** themselves by their own **stupid actions** and then **blame** the **LORD.** — *Proverbs 19:3 (GNB)*

20) If you are **sensible,** you will **control** your **temper.** When someone **wrongs** you, it is a **great virtue** to **ignore** it. — *Proverbs 19:11 (GNB)*

21) Discipline your **children** while they are young enough to **learn.** If you don't, you are helping them to **destroy** themselves. — *Proverbs 19:18 (GNB)*

22) It makes you look **good** when you **avoid** a **fight** — only **fools** love to **quarrel.** — *Proverbs 20:3 (CEV)*

23) Sometimes it takes a **painful experience** to make us **change** our ways. — *Proverbs 20:30 (GNB)*

24) If you want to stay out of **trouble,** be careful **what you say.** — *Proverbs 21:23 (GNB)*

25) Sensible people will see trouble **coming** and **avoid** it, but an **unthinking** person will walk right into it and regret it later. — *Proverbs 22:3 (GNB)*

Scripture Therapy Daily Devotional For Success

26) Don't eat **too much** honey or always want praise.
— *Proverbs 25:27 (CEV)*

27) A fool doing some **stupid** thing a **second** time is like a dog going **back** to its vomit. — *Proverbs 26:11 (GNB)*

28) Where there is no **fuel** a fire **goes out;** where there is no **gossip** **arguments** come to an end. — *Proverbs 26:20 (CEV)*

29) Listen before you **answer.** If you don't you are being **stupid** and **insulting.** — *Proverbs 18:13 (GNB)*

30) Don't be a **fool** and quickly **lose** your **temper** — be **sensible** and **patient.** — *Proverbs 29:11 (CEV)*

31) Discipline your **children** and you can always be **proud** of them. They will **never** give you reason to be **ashamed.**
— *Proverbs 29:17 (GNB)*

32) There is more hope for a **stupid fool** than for someone who **speaks** without **thinking.** — *Proverbs 29:20 (GNB)*

33) Stop all your **dirty talk.** Say the **right** thing at the **right** time and **help** others by what you say.
— *Ephesians 4:29 (CEV)*

Chapter 3
Self Control

Read On: Jan 3rd | Feb 28th | April 24th | June 19th | Aug 14th | Oct 9th | Dec 4th

1) Although **she asked** Joseph day after day, he would not go to bed with her. — *Genesis 39:10 (GNB)*

2) Just be **determined,** be **confident;** and **make sure** that you **obey** the whole **Law** that my servant Moses gave you. Do not **neglect** any **part** of it and you will **succeed** wherever you go. — *Joshua 1:7 (GNB)*

3) I have made a solemn **promise** never to **look** with **lust** at a **woman.** — *Job 31:1 (GNB)*

4) You will show me the **path** that leads to **life;** your **presence** fills me with **joy** and brings me **pleasure** for ever. — *Psalm 16:11 (GNB)*

5) How I love **to do** your **will,** my God! I keep your **teaching** in my **heart."** — *Psalm 40:8 (GNB)*

6) Your **word** have I **laid up** in my **heart,** that I might not **sin** against You. — *Psalm 119:11 (AMP)*

7) If you **listen** to me, you will know what is **right, just,** and **fair.** You will **know** what you should **do.** — *Proverbs 2:9 (GNB)*

8) Be careful how you **think;** your **life** is **shaped** by your **thoughts.** — *Proverbs 4:23 (GNB)*

9) They die **because** they have no **self-control.** Their utter **stupidity** will **send** them to their graves. — *Proverbs 5:23 (GNB)*

10) Loosing **self-control** leaves you as **helpless** as a city **without** a **wall.** — *Proverbs 25:28 (CEV)*

11) But now I tell you: whoever is **angry** with his brother will be brought to trial, whoever **calls** his brother **'You good-for-nothing!'** will be brought before the Council, and whoever **calls** his brother a **worthless fool** will be in **danger** of going to the fire of hell. — *Matthew 5:22 (GNB)*

12) But I tell you that if you **look at another woman** and **want her,** you are already **unfaithful in your thoughts.** — *Matthew 5:28 (CEV)*

13) Out of your **heart** come **evil** thoughts, vulgar deeds, stealing, murder, ²²unfaithfulness in marriage, greed, meanness, deceit, indecency, envy, insults, pride, and **foolishness.** — *Mark 7:21-22 (CEV)*

15) [That is] because the mind of the **flesh** [with its **carnal thoughts** and purposes] is **hostile to God,** for it does not **submit** itself to God's Law; indeed it cannot. — *Romans 8:7 (AMP)*

14) No, we should not! If we are **dead to sin,** how can we **go on sinning?** — *Romans 6:2 (CEV)*

16) If the **Spirit of God,** who raised **Jesus** from death, **lives in you,** then **he who** raised Christ from death will also give **life** to your mortal bodies by the presence of his **Spirit** in you. — *Romans 8:11 (GNB)*

17) So then, my brothers and sisters, because of God's **great mercy** to us I appeal to you: **offer yourselves** as a living **sacrifice** to **God, dedicated** to his **service** and **pleasing** to him. This is the true **worship** that you should **offer.** — *Romans 12:1 (GNB)*

18) Everything is permissible (allowable and lawful) for me; but not all things are **helpful (good for me to do,** expedient and **profitable** when considered with other things) . Everything is lawful for me, but **I will not become** the slave of **anything** or be **brought** under its **power.** — *1 Corinthians 6:12 (AMP)*

Scripture Therapy Daily Devotional For Success

19) Shun **immorality** and all **sexual looseness** [flee from **impurity** in thought, word, or deed]. Any other sin which a man commits is one **outside** the body, but he who commits **sexual** immorality sins **against** his own **body.** — *1 Corinthians 6:18 (AMP)*

20) I **harden** my body with **blows** and **bring** it under **complete control,** to keep **myself** from being **disqualified** after having called **others** to the contest. — *I Corinthians 9:27 (GNB)*

21) I ask **God** from the wealth of his glory to give you **power** through his **Spirit** to be strong in your **inner selves.** — *Ephesians 3:16 (GNB)*

22) You are **God's** people, so don't **let it be said** that any of you are **immoral** or **indecent** or **greedy.** — *Ephesians 5:3 (CEV)*

23) Don't use **dirty** or **foolish** or **filthy words.** Instead, say how **thankful** you are. — *Ephesians 5:4 (CEV)*

24) My dear friends, you always **obeyed** when I was with you. Now that I am away, you should **obey** even **more.** So work with **fear** and trembling to **discover** what it really **means** to be **saved.** — *Philippians 2:12 (CEV)*

25) God is **working** in you to make you **willing** and **able** to **obey** him. — *Philippians 2:13 (CEV)*

26) Do everything without **complaining** or **arguing,** — *Philippians 2:14 (GNB)*

27) so that you may be **innocent** and **pure** as God's **perfect children,** who live in a world of **corrupt** and **sinful** people. You must **shine** among them like **stars** lighting up the sky. — *Philippians 2:15 (GNB)*

28) I have the **strength** to **face** all **conditions** by the **power** that **Christ** gives me. — *Philippians 4:13 (GNB)*

Scripture Therapy Daily Devotional For Success

29) Shun youthful **lusts** and **flee** from them, and **aim** at and pursue **righteousness** (all that is virtuous and good, **right living,** conformity to the will of God in **thought, word,** and **deed**); [and aim at and pursue] **faith, love,** [and] **peace** (harmony and **concord with others**) in fellowship with all [Christians], who call upon the Lord out of a pure heart. — *2 Timothy 2:22 (AMP)*

30) Stay **away** from **stupid** and senseless **arguments.** These only lead to **trouble.** — *2 Timothy 2:23 (CEV)*

31) and **God's servants** must not be **troublemakers.** They must be **kind** to everyone, and they must be **good teachers** and very **patient.** — *2 Timothy 2:24 (CEV)*

32) Be **humble** when you **correct** people who **oppose** you. Perhaps God will **lead** them to turn to him and **learn** the truth. — *2 Timothy 2:25 (CEV)*

33) That **grace** instructs us to **give up ungodly living** and **worldly passions,** and to live **self-controlled, upright,** and **godly lives** in this world. — *Titus 2:12 (GNB)*

34) But without **faith** no one can **please God.** We must **believe** that **God is real** and that he **rewards** everyone who **searches** for him. — *Hebrews 11:6 (CEV)*

35) Such a large crowd of **witnesses** is all around us! So we must **get rid** of everything that **slows us down,** especially the sin that just **won't let go.** And we must be **determined** to run the **race** that is **ahead** of us. — *Hebrews 12:1 (CEV)*

36) Obey God's **message!** Don't **fool** yourselves by just **listening** to it. — *James 1:22 (CEV)*

37) Your **conduct** among the heathen should be so **good** that when they **accuse** you of being evildoers, they will have to **recognize** your **good deeds** and so praise God on the Day of his coming. — *I Peter 2:12 (GNB)*

Scripture Therapy Daily Devotional For Success

38) After all, **God chose** you to suffer as you **follow** in the **footsteps of Christ,** who set an **example** by suffering for you.
— *1 Peter 2:21 (CEV)*

39) Although he was **abused,** he never tried to get **even.** And when he suffered, he made no **threats.** Instead, he had **faith in God,** who judges fairly.
— *1 Peter 2:23 (CEV)*

40) Now your **former friends** wonder why you have **stopped** running around **with them,** and they curse you for it. ⁵But they will have to **answer** to God, who **judges** the living and the dead.
— *1 Peter 4:4-5 (CEV)*

25

Chapter 4
Stubbornness & Defiance

Read On: Jan 4th | Feb 29th | April 25th | June 20th | Aug 15th | Oct 10th | Dec 5th

1) My child, **obey** the **teachings** of your **parents.** — *Proverbs 1:8 (CEV)*

2) When the LORD **corrects** you, my son, pay close **attention** and take it as a **warning.** — *Proverbs 3:11 (GNB)*

3) He taught me and said to me, Let your **heart** hold fast my **words;** keep my **commandments** and live. — *Proverbs 4:4 (AMP)*

4) **Listen** to me, my son. Take **seriously** what I am **telling** you, and you will live a **long** life. — *Proverbs 4:10 (GNB)*

5) Do what your father tells you, my son, and never forget what your mother taught you. — *Proverbs 6:20 (GNB)*

6) When you go, they [the **words** of your **parents' God**] shall **lead** you; when you sleep, they shall **keep** you; and when you waken, they shall **talk** with you. — *Proverbs 6:22 (AMP)*

7) The **Law** of the **Lord** is a **lamp,** and its **teachings** shine brightly. Correction and **self-control** will **lead** you through **life.** — *Proverbs 6:23 (CEV)*

8) My son, pay close **attention** to what I have **said.** — *Proverbs 7:24 (CEV)*

9) Let **instruction** and **knowledge** mean more to you than silver or the finest gold. — *Proverbs 8:10 (CEV)*

10) Sensible people accept good advice. People who talk foolishly will come to **ruin.** — *Proverbs 10:8 (GNB)*

11) People who **listen** when they are **corrected** will live, but those who will not admit that they are **wrong** are in **danger.** — *Proverbs 10:17 (GNB)*

12) **Stupid** people always **think** they are **right.** Wise people **listen** to **advice.** — *Proverbs 12:15 (GNB)*

13) Too much **pride** causes trouble. Be **sensible** and take **advice.** — *Proverbs 13:10 (CEV)*

Scripture Therapy Daily Devotional For Success

14) If you **refuse** good advice, you are asking for **trouble,** follow it and you are **safe.** — *Proverbs 13:13 (GNB)*

15) All who **refuse correction** will be **poor** and **disgraced;** all who **accept** correction will be **praised.** — *Proverbs 13:18 (CEV)*

16) If you **love** your children, you will **correct** them; if you don't love them, you **won't correct** them. — *Proverbs 13:24 (CEV)*

17) If you do what is **wrong,** you will be severely **punished;** you will die if you do not let yourself be **corrected.** — *Proverbs 15:10 (GNB)*

18) **Wise** children make their fathers happy. Only **fools** despise their **mothers.** — *Proverbs 15:20 (GNB)*

19) Without **good advice** everything goes **wrong** — it takes **careful planning** for things to go **right.** — *Proverbs 15:22 (CEV)*

20) Healthy **correction** is good, and if you **accept** it, you will be **wise.** — *Proverbs 15:31 (CEV)*

21) You **hurt** only **yourself** by **rejecting** instruction, but it makes **good sense to accept** it. — *Proverbs 15:32 (CEV)*

22) **Intelligent** people are always **eager** and **ready** to **learn.** — *Proverbs 18:15 (GNB)*

23) Keep God's laws and you will live **longer;** if you **ignore** them, you will **die.** — *Proverbs 19:16 (GNB)*

25) If you stop learning, you will **forget** what you already **know.** — *Proverbs 19:27*

24) Pay **attention** to **advice** and accept **correction,** so you can live **sensibly.** — *Proverbs 19:20 (CEV)*

26) Get **good advice** and you will **succeed;** don't go **charging** into battle **without a plan.** — *Proverbs 20:18 (GNB)*

27) If you stop using **good sense,** you will find **yourself** in the grave. — *Proverbs 21:16 (CEV)*

Scripture Therapy Daily Devotional For Success

28) Pay **attention** to your **father,** and don't **neglect** your **mother** when she grows old. — *Proverbs 23:22 (CEV)*

29) After all, you must make **careful plans** before you fight a battle, and the more **good advice** you get, the more **likely** you are to **win.** — *Proverbs 24:6 (GNB)*

30) A **warning** given by an **experienced** person to someone **willing** to listen is more **valuable** than gold rings or jewellery made of the finest **gold.** — *Proverbs 25:12 (GNB)*

31) It makes good sense to **obey** the **Law of God,** but you disgrace your parents if you make friends with **worthless nobodies.** — *Proverbs 28:7 (CEV)*

32) If you do not **obey** the **law,** God will find your **prayers** too **hateful** to hear. — *Proverbs 28:9 (GNB)*

33) Always **obey** the LORD and you will be **happy.** If you are **stubborn,** you will be **ruined.** — *Proverbs 28:14 (GNB)*

34) Correct someone, and afterwards he will **appreciate** it more than **flattery.** — *Proverbs 28:23 (GNB)*

35) It is foolish to **follow** your own **opinions.** Be safe, and follow the **teachings** of **wiser** people. — *Proverbs 28:26 (GNB)*

36) If you keep being **stubborn** after many **warnings,** you will **suddenly** discover you have gone **too far.** — *Proverbs 29:1 (CEV)*

37) If you get more **stubborn** every time you are **corrected,** one day you will be **crushed** and never **recover.** — *Proverbs 29:1 (GNB)*

38) Correct your **children,** and **they** will be **wise;** children out of control **disgrace** their **mothers.** — *Proverbs 29:15 (CEV)*

39) Even when servants are clever, it takes **more** than **words** to make them **obey.** — *Proverbs 29:19 (CEV)*

40) Never **criticize servants** to their **master.** You will be cursed and **suffer** for it. — *Proverbs 30:10 (GNB)*

Chapter 5
Addictions & Temptations

Read On: Jan 5th | Mar 1st | April 26th | June 21st | Aug 16th | Oct 11th | Dec 6th

1) **God** blesses those people who **refuse** evil advice and won't **follow sinners** or **join** in sneering at God. — *Psalm 1:1 (CEV)*

2) Instead, the **Law** of the LORD makes them happy, and they **think** about it **day** and **night**. — *Psalm 1:2 (CEV)*

3) How can young people keep their lives **pure?** By **obeying** your **commands**. — *Psalm 119:9 (GNB)*

4) When sinners **tempt** you, my son, **don't give in.** — *Proverbs 1:10 (GNB)*

5) If you **listen** to me, you will know what is **right, just,** and **fair.** You will know what you **should do.** — *Proverbs 2:9 (GNB)*

6) **Human desires** are like the world of the dead - there is always **room** for more. — *Proverbs 27:20 (GNB)*

7) Keep watch and **pray** that you will not **fall** into **temptation.** The spirit is willing, but the **flesh** is **weak.**" — *Matthew 26:41 (GNB)*

8) Those who **obey** their **human nature** cannot **please God.** — *Romans 8:8 (GNB)*

9) Dear friends, don't try to **get even.** Let God take revenge. In the Scriptures the Lord says, "**I am the one** to take **revenge** and **pay** them back." — *Romans 12:19 (CEV)*

10) Don't let evil **defeat** you, but defeat evil with good. — *Romans 12:21 (CEV)*

11) Therefore let anyone who **thinks** he **stands** [who feels sure that he has a steadfast mind and is standing firm], **take heed** lest he **fall** [into **sin**]. — *1 Corinthians 10:12 (AMP)*

12) For no temptation (**no trial** regarded as enticing to **sin**), [no matter **how it comes** or where **it leads**] has overtaken you and laid **hold on you** that is not common to man [that is, no **temptation** or **trial** has come to **you** that is **beyond human resistance** and that is not adjusted and adapted and belonging to human experience, and such as man can bear]. But God is **faithful** [to His **Word** and to His **compassionate** nature], and He [can be **trusted**] not to let you be **tempted** and **tried** and assayed beyond your ability and **strength** of **resistance** and **power** to **endure**, but with the temptation He will [always] also **provide** the way **out** (the means of escape to a landing place), that you may be capable and strong and **powerful** to bear up under it **patiently.**
— *1 Corinthians 10:13 (AMP)*

13) What I say is this: let the **Spirit direct** your lives, and you will not **satisfy** the desires of the **human nature.** — *Galatians 5:16 (GNB)*

14) For the **desires** of the flesh are **opposed** to the [Holy] Spirit, and the [desires of the] **Spirit** are opposed to the flesh (godless **human nature**); for these are **antagonistic** to **each other** [continually withstanding and **in conflict** with each other], so that you are not **free** but are **prevented** from **doing** what you **desire** to do.
— *Galatians 5:17 (AMP)*

15) Brethren, if any person is overtaken in **misconduct** or **sin** of any sort, you who are **spiritual** [who are responsive to and controlled by the Spirit] should **set him right** and **restore** and **reinstate him,** without any sense of superiority and with all gentleness, keeping an attentive eye on yourself, lest you should be tempted also.
— *Galatians 6:1 (AMP)*

16) Once we were also ruled by the **selfish desires** of our **bodies** and **minds.** We had made God **angry,** and we were going to be **punished** like everyone else. — *Ephesians 2:3 (CEV)*

Scripture Therapy Daily Devotional For Success

17) In conclusion, my brothers and sisters, fill you **minds** with those things that are **good** and that deserve **praise:** things that are **true, noble, right, pure, lovely,** and **honourable.** — *Philippians 4:8 (GNB)*

18) May you be made **strong** with all the strength which comes from his glorious power, so that you may be able to **endure everything** with **patience.** And with joy give **thanks** to the **Father,** who has made you fit to have your share of what God has **reserved** for his **people** in the kingdom of light. — *Colossians 1:11-12 (GNB)*

19) God wants you to be **holy,** so don't be **immoral** in matters of **sex.** — *1 Thessalonians 4:3 (CEV)*

20) God didn't **choose** you to be **filthy,** but to be **pure.** — *1 Thessalonians 4:7 (CEV)*

21) So if you **don't obey** these rules, you are not really **disobeying us.** You are disobeying **God,** who gives you his **Holy Spirit.** — *1 Thessalonians 4:8 (CEV)*

22) ...and **avoid** every **kind of evil.** — *1 Thessalonians 5:22 (GNB)*

23) But those who want to **get rich fall** into **temptation** and are **caught** in the **trap** of many foolish and **harmful desires,** which pull them **down** to **ruin** and **destruction.** — *1 Timothy 6:9 (GNB)*

24) The **love of money** causes all kinds of **trouble.** Some people **want money** so much that they have given up their **faith** and **caused** themselves a lot of **pain.** — *1 Timothy 6:10 (CEV)*

25) But those who want to **get rich fall** into **temptation** and are **caught** in the **trap** of many foolish and **harmful desires,** which pull them **down** to **ruin** and **destruction.** — *1 Timothy 6:9 (GNB)*

26) And now he can **help those who are tempted,** because he himself **was tempted** and suffered. — *Hebrews 2:18 (GNB)*

27) My fellow-believers, be careful that no one among you **has a heart** so evil and **unbelieving** as to turn **away from the living God.** — *Hebrews 3:12 (GNB)*

28) You must **encourage** one **another** each day. And you must **keep** on while there is still a time that can be called "today." If you don't, then **sin** may **fool** some of you and make you **stubborn.** — *Hebrews 3:13 (CEV)*

29) **Jesus understands** every **weakness** of **ours,** because he was **tempted** in every way **that we are.** But he **did not sin!** — *Hebrews 4:15 (CEV)*

30) We must keep our eyes on **Jesus,** who leads us and makes our **faith** complete. He endured the shame of being nailed to a cross, **because he knew** that **later on** he would **be glad** he did. Now he is **seated** at the right side of **God's throne!** — *Hebrews 12:2 (CEV)*

31) God will **bless you,** if you don't **give up** when your **faith** is being **tested.** He will **reward** you with a **glorious life,** just as he rewards everyone who **loves him.** — *James 1:12 (CEV)*

32) But every person is **tempted** when he is drawn away, **enticed** and **baited** by his own **evil desire (lust, passions).** — *James 1:14 (AMP)*

33) Then their **evil desires** conceive and give birth to **sin;** and sin, when it is **full-grown,** gives birth to death. ¹⁶Do not be **deceived,** my dear brothers and sisters! — *James 1:15-16 (GNB)*

34) So then, **submit** to God. **Resist** the Devil, and he will **run** away **from you.** — *James 4:7 (GNB)*

35) Be **alert** and think **straight.** Put all your **hope** in how **kind** God will be **to you** when Jesus Christ appears. — *1 Peter 1:13 (CEV)*

36) Behave like **obedient** children. Don't let your lives be **controlled** by your **desires,** as they **used to be.** — *1 Peter 1:14 (CEV)*

37) I am writing this to you, my children, so that **you will not sin;** but if anyone does sin, we have someone **who pleads** with the Father **on our behalf - Jesus Christ,** the righteous one. — *1 John 2:1 (GNB)*

38) Whoever says, I know Him [I perceive, recognize, understand, and am acquainted with Him] but fails to **keep** and **obey His commandments (teachings)** is a **liar,** and the Truth [of the Gospel] is **not in him.** — *1 John 2:4 (AMP)*

39) But he who **keeps (treasures)** His **Word** [who bears in mind His precepts, who observes His **message** in its **entirety]**, truly in him has the love of and for God been perfected **(completed,** reached **maturity). By this we may perceive (know, recognize, and be sure) that we are in Him.**
— *1 John 2:5 (AMP)*

40) This hope makes us **keep** ourselves **holy,** just as **Christ** is **holy.** — *1 John 3:3 (CEV)*

41) Be on your **guard** and stay **awake.** Your **enemy,** the devil, is like a roaring lion, prowling around to **find someone** to attack. ⁹But you must **resist the devil** and stay **strong** in your **faith.** You know that all over the world the Lord's followers are suffering just as you are.
— *1 Peter 5:8-9 (CEV)*

Chapter 6
Sexual Temptations

Read On: Jan 6th | Mar 2nd | April 27th | June 22nd | Aug 17th | Oct 12th | Dec 7th

1) Never let yourself **think** that you are **wiser** than you **are**; simply **obey** the LORD and **refuse** to do **wrong**.
— *Proverbs 3:7 (GNB)*

2) **Don't do it!** Keep **away** from evil! **Refuse** it and **go** on your way.
— *Proverbs 4:15 (GNB)*

3) For the **lips** of a **loose woman** drip honey as a honeycomb, and her **mouth** is **smoother** than oil. — *Proverbs 5:3 (AMP)*

4) But all that you really get from **being** with **her** is **bitter poison** and **pain**.
— *Proverbs 5:4 (CEV)*

5) Stay **away** from a **bad woman**! Don't even go **near** the door of her house. — *Proverbs 5:8 (CEV)*

6) If **you do,** others will gain the **respect** that you once had, and you will die young at the hands of merciless people.
— *Proverbs 5:9 (GNB)*

7) **Strangers** will get your **money** and **everything** else you have **worked** for. — *Proverbs 5:10 (CEV)*

8) Be **faithful** to your own **wife** and **give** your **love** to **her alone**. — *Proverbs 5:15 (GNB)*

9) And don't be like a stream from which just **any woman** may take a **drink**. — *Proverbs 5:16 (CEV)*

11) **Don't** go mad over a woman who is **unfaithful** to her own **husband!** — *Proverbs 5:20 (CEV)*

10) So be **happy** with your **wife** and find your **joy** with the woman you **married**. — *Proverbs 5:18 (GNB)*

12) The LORD sees **everything** you do. **Wherever** you go, he is **watching**. — *Proverbs 5:21 (GNB)*

13) **Do** what your **father** tells you, my son, and never **forget** what your **mother** taught you. — *Proverbs 6:20 (GNB)*

14) To **keep** you from the **evil woman**, from the **flattery** of the tongue of a **loose woman**. — *Proverbs 6:24 (AMP)*

15) Don't be **tempted** by their **beauty;** don't be **trapped** by their **flirting eyes.** — *Proverbs 6:25 (GNB)*

16) A woman who **sells her love** can be **bought** for as little as the price of a meal. But **making love to another man's wife** will cost you everything. — *Proverbs 6:26 (CEV)*

17) But if you **go to bed** with **another man's** wife, you will **destroy** yourself by your own **stupidity.** ³³You will be **beaten** and for ever **disgraced.** — *Proverbs 6:32-33 (CEV)*

18) because a **jealous** husband can be **furious** and **merciless** when he takes **revenge.** — *Proverbs 6:34 (CEV)*

19) He **won't** let you **pay him off,** no matter what **you offer.** — *Proverbs 6:35 (CEV)*

20) Treat **wisdom** as your **sister,** and **insight** as your **closest friend.** — *Proverbs 7:4 (GNB)*

21) They will **protect** you from the **flattering words** of someone **else's** wife. — *Proverbs 7:5 (CEV)*

22) Let not your **heart** incline toward her ways, do not **stray** into **her paths.** — *Proverbs 7:25 (AMP)*

23) She has been the **ruin** of many **men** and caused the **death** of **too many** to count. — *Proverbs 7:26 (GNB)*

24) If you go to her **house,** you are **on the way** to the world of the **dead.** It is a **short cut to death.** — *Proverbs 7:27 (GNB)*

25) Obey the LORD, and you will live **longer.** The **wicked** die **before** their time. — *Proverbs 10:27 (GNB)*

26) The LORD hates **evil-minded people,** but loves those who do **right.** — *Proverbs 11:20 (GNB)*

27) Whoever **despises** the **word** and **counsel** [of God] brings destruction **upon himself,** but he who [reverently] **fears** and **respects** the **commandment** [of **God**] is **rewarded.** — *Proverbs 13:13 (AMP)*

28) If you **respect** the LORD, you and **your children** have a **strong fortress.** — *Proverbs 14:26 (CEV)*

29) Do you want to **avoid death? Reverence** for the LORD is a fountain of **life.** — *Proverbs 14:27 (GNB)*

30) Obey the LORD and you will live a **long life,** content and **safe** from **harm.** — *Proverbs 19:23 (GNB)*

31) Obey the LORD, be **humble,** and you will get **riches, honour,** and a **long life.** — *Proverbs 22:4 (GNB)*

32) If you love your **life,** stay away from the **traps** that **catch** the **wicked** along the way. — *Proverbs 22:5 (GNB)*

33) Prostitutes and **immoral** women are a **deadly trap.** — *Proverbs 23:27 (GNB)*

34) They wait for you like robbers and **cause many men** to be **unfaithful.** — *Proverbs 23:28*

35) Without **guidance from God,** law and order **disappear,** but God **blesses** everyone who **obeys his Law.** — *Proverbs 29:18 (CEV)*

36) Don't **spend** all your **energy** on **sex** and all your money on **women;** they have **destroyed kings.** — *Proverbs 31:3 (GNB)*

37) Charm can be **deceiving,** and **beauty fades away,** but a woman who **honours** the LORD deserves to be **praised.** — *Proverbs 31:30 (CEV)*

38) Shun **immorality** and all **sexual looseness** [flee from **impurity** in **thought, word,** or **deed**]. Any other sin which a man commits is one outside the body, but he who **commits sexual immorality** sins against **his own body.** — *1 Corinthians 6:18 (AMP)*

39) A church leader must be **without fault;** he must have only one wife, be **sober, self-controlled,** and **orderly;** he must **welcome** strangers in his home; he must **be able to teach.** — *1 Timothy 3:2 (GNB)*

Chapter 7
Overcoming Hatred

Read On: Jan 7th | Mar 3rd | April 28th | June 23rd | Aug 17th | Oct 13th | Dec 8th

1) Don't be a **gossip**, but never hesitate to speak up in court, especially if your testimony can **save** someone's life. — *Leviticus 19:16 (CEV)*

2) God will **rescue** you from **slander**; he will **save** you when **destruction** comes. — *Job 5:21 (GNB)*

3) Lord, who shall **dwell** [temporarily] in Your **tabernacle?** Who shall dwell **[permanently]** on Your **holy hill?** — *Psalm 15:1 (AMP)*

4) Those who **obey** God in **everything** and always do what is **right,** whose **words** are **true** and **sincere,** [3]and who do not **slander** others. They do no **wrong** to their **friends** nor spread **rumours** about their **neighbours.** — *Psalm 15:2-3 (GNB)*

5) My enemies say cruel things about me. They want me to die and be forgotten. — *Psalm 41:5 (GNB)*

6) Those who come to see me are not **sincere;** they gather **bad** news about me and then go out and tell it everywhere. [7]All who **hate** me **whisper** to each other **about me,** they imagine the **worst** about me. — *Psalm 41:6-7 (GNB)*

7) But God says to the **wicked,** "Why should you recite my commandments? Why should you talk about my covenant? [17]You **refuse** to let me **correct** you; you **reject** my **commands.** — *Psalm 50:16-17 (GNB)*

8) "You are always ready to **speak evil;** you never hesitate to tell **lies.** [20]You are ready to **accuse** your own **relatives** and to find **fault** with them. — *Psalm 50:19–20 (GNB)*

9) You have **ignored** me! So pay close **attention** or I will tear you apart, and no one can help you. — *Psalm 50:22 (CEV)*

10) You would rather do **evil** than **good,** and tell **lies** than **speak** the **truth.** — *Psalm 52:3 (CEV)*

37

11) You love to say **cruel things,** and your **words** are a trap. — *Psalm 52:4 (CEV)*

12) I **praise** you, God; don't remain silent! ²**Wicked** people and **liars** have **attacked me.** They tell **lies** about me ³and they say evil things about me, **attacking** me for no reason. — *Psalm 109:1–3 (GNB)*

13) They **oppose** me, even though **I love** them and have **prayed** for them. ⁵They pay me back **evil** for **good** and **hatred** for **love.** — *Psalm 109:4–5 (GNB)*

14) He who hides **hatred** is of **lying** lips, and he who utters **slander** is a [self-confident] **fool.** — *Proverbs 10:18 (AMP)*

15) It's **wrong** to **hate** others, but **God blesses** everyone who is **kind** to the **poor.** — *Proverbs 14:21 (CEV)*

16) A calm and **undisturbed mind** and **heart** are the **life** and **health** of the **body,** but **envy, jealousy,** and **wrath** are like **rottenness** of the **bones.** — *Proverbs 14:30 (AMP)*

17) Healthy **correction** is good, and if you **accept** it, you will be **wise.** ³²You **hurt** only **yourself** by rejecting **instruction,** but it makes **good** sense to **accept** it. — *Proverbs 15:31-32 (CEV)*

18) Apply your **mind** to instruction and **correction** and your ears to **words** of **knowledge.** — *Proverbs 23:12 (AMP)*

19) Everyone hates senseless fools who **think up** ways to **sin.** — *Proverbs 24:9 (CEV)*

20) If **you** and **your neighbour** have a difference of opinion, settle it between **yourselves** and do not **reveal** any **secrets.** ¹⁰Otherwise everyone will learn that you **can't** keep a **secret,** and you will never live down the **shame.** — *Proverbs 25:9–10 (GNB)*

21) Listening to good **advice** is worth much more than jewellery made of **gold.** — *Proverbs 25:12 (CEV)*

22) An **angry** person is **dangerous,** but a **jealous** person is even **worse.** — *Proverbs 27:4 (CEV)*

23) If you get **more stubborn** every time you are **corrected,** one day you will be **crushed** and never **recover.** — *Proverbs 29:1 (GNB)*

24) Never **criticize** servants to their **master.** You will be **cursed** and **suffer for it.** — *Proverbs 30:10 (GNB)*

25) Then I realized that we **work** and do **wonderful things** just because we are **jealous** of others. This makes no more **sense** than chasing the wind. — *Ecclesiastes 4:4 (CEV)*

26) and as surely as I live, I will **punish** you for treating **my people** with **anger** and **hatred.** Then they will know that **I, the LORD,** am punishing you! — *Ezekiel 35:11 (CEV)*

27) "Jacob's sons became **jealous** of their brother Joseph and **sold** him to be a slave in Egypt. But **God** was with **him.** — *Acts 7:9 (GNB)*

28) For you are still [**unspiritual,** having the **nature**] of the **flesh** [under the control of ordinary impulses]. For as long as [there are] **envying** and **jealousy** and wrangling and factions among you, are you not **unspiritual** and of the **flesh,** behaving yourselves after a **human standard** and like mere (unchanged) men? — *1 Corinthians 3:3 (AMP)*

29) For I am fearful that somehow or other I may come and **find** you not as I desire to find you, and that you may find me too not as you want to find me—that perhaps there may be **factions** (quarreling), jealousy, temper (**wrath,** intrigues, **rivalry, divided loyalties**), **selfishness, whispering, gossip, arrogance** (self-assertion), and **disorder** among you. — *2 Corinthians 12:20 (AMP)*

30) Stop all your **dirty talk.** Say the **right thing** at the **right time** and **help** others by what you say. — *Ephesians 4:29 (CEV)*

31) And do not make God's **Holy Spirit sad;** for the **Spirit** is God's mark of **ownership** on you, a guarantee that the Day will come when God will **set you free.** — *Ephesians 4:30 (GNB)*

32) Stop being **bitter** and **angry** with others. Don't yell at one another or **curse** each other or ever be **rude.** ³²Instead, be **kind** and **merciful,** and **forgive** others, just as God **forgave** you because of **Christ.**
— *Ephesians 4:31-32 (CEV)*

33) But now you must **get rid** of all these things: **anger,** passion, and **hateful feelings.** No **insults** or **obscene talk** must ever come from your **lips.** — *Colossians 3:8 (GNB)*

34) We used to be **stupid, disobedient,** and **foolish,** as well as slaves of **all sorts** of **desires** and **pleasures.** We were evil and **jealous.** Everyone hated us, and we **hated** everyone. — *Titus 3:3 (CEV)*

35) Do not **criticize** one another, my brothers and sisters. If you **criticize** fellow–Christians or judge them, you criticize the Law and judge it. If you judge the Law, then you are no longer one who **obeys** the **Law,** but one who judges it. — *James 4:11 (GNB)*

36) God is the only **lawgiver** and **judge.** He alone can **save** and destroy. **Who** do you think you are, to **judge** someone else? — *James 4:12 (GNB)*

37) Do not **complain,** brethren, against **one another,** so that you [yourselves] **may not be judged.** Look! The Judge is [already] standing at the very door. — *James 5:9 (AMP)*

38) So be **done** with every trace of **wickedness** (depravity, malignity) and all **deceit** and **insincerity** (pretense, **hypocrisy)** and **grudges** (envy, **jealousy)** and **slander** and **evil speaking** of every kind. — *1 Peter 2:1 (AMP)*

Chapter 8
Conquering Laziness

Read On: Jan 8th | Mar 4th | April 29th | June 24th | Aug 19th | Oct 14th | Dec 9th

1) If you value **Wisdom** and hold **tightly** to her, great **honours** will be **yours.** — *Proverbs 4:8 (CEV)*

2) **Lazy people** should learn a **lesson** from the way **ants live.** — *Proverbs 6:6 (GNB)*

3) How **long** will you **lie** there doing **nothing** at all? When are you going to **get** up and **stop sleeping?** — *Proverbs 6:9 (CEV)*

4) "I'll just take a **short nap**," he says; "I'll **fold my hands** and **rest** a while." — *Proverbs 6:10 (GNB)*

5) But while he **sleeps, poverty** will **attack** him like an armed robber. — *Proverbs 6:11 (GNB)*

6) **Laziness** leads to **poverty;** hard work makes you **rich.** — *Proverbs 10:4 (CEV)*

7) Work **hard,** and you will be a **leader;** be **lazy,** and you will **end up** a slave. — *Proverbs 12:24 (CEV)*

8) No matter how much a **lazy** person may **want** something, he will **never** get it. A **hard worker** will get **everything** he wants. — *Proverbs 13:4 (GNB)*

9) If you **love** your **children,** you will **correct** them; if you don't **love** them, you won't **correct** them. — *Proverbs 13:24 (CEV)*

10) **Work** and you will **earn a living;** if you sit around **talking** you will be **poor.** — *Proverbs 14:23 (GNB)*

11) If you are **lazy,** you will meet **difficulty** everywhere, but if you are **honest,** you will have no **trouble.** — *Proverbs 15:19 (GNB)*

12) Ask the **LORD** to bless your **plans,** and you will be **successful** in **carrying them out.** — *Proverbs 16:3 (GNB)*

13) **Correct** your **children** before it's too **late;** if you don't punish them, you are **destroying** them. — *Proverbs 19:18 (CEV)*

14) If you **plan** and **work hard,** you will have **plenty;** if you get in a hurry, you will end up poor. — *Proverbs 21:5*

15) **Lazy** people who **refuse** to **work** are only **killing themselves.** — *Proverbs 21:25 (GNB)*

16) Do you see a man **diligent** and **skillful** in his **business?** He will stand before **kings;** he will not stand before **obscure** men. — *Proverbs 22:29 (AMP)*

17) Through skillful and godly Wisdom is a house (a life, a home, a family) built, and by understanding it is established [on a sound and good foundation], And by knowledge shall its chambers [of every area] be filled with all precious and pleasant riches. — *Proverbs 24:3-4 (AMP)*

18) God **blesses** his **loyal** people, but punishes all who want to **get rich quick.** — *Proverbs 28:20 (CEV)*

19) You will seek me, and you will **find** me because you will seek me **with all your heart.** — *Jeremiah 29:13 (GNB)*

20) Therefore, you will fully **know** them by their **fruits.** — *Matthew 7:20 (AMP)*

21) Servants are fortunate if their master comes and **finds** them **doing** their **job.** — *Luke 12:43 (CEV)*

22) **Work hard** and do not be **lazy.** Serve the **Lord** with a heart full of **devotion.** — *Romans 12:11 (GNB)*

23) Well, whatever **you do,** whether you eat or drink, **do it all for God's glory.** — *I Corinthians 10:31 (GNB)*

24) Those who used to rob must stop **robbing** and start **working,** in order to **earn an honest living** for themselves and to be able to **help** the **poor.** — *Ephesians 4:28 (GNB)*

25) Make **good use** of every **opportunity** you have, because these are evil days. — *Ephesians 5:16 (GNB)*

26) Gladly **serve** your masters, as though they were **the Lord himself,** and not simply people. — *Ephesians 6:7 (CEV)*

27) Do everything without **grumbling** or **arguing.** — *Philippians 2:14 (CEV)*

28) My friends, **I don't feel** that I have already **arrived.** But **I forget** what is **behind,** and I struggle for what is **ahead.** — *Philippians 3:13 (CEV)*

29) **I run** towards the **goal,** so that I can win the **prize** of being **called** to heaven. This is the **prize** that God offers because of what **Christ Jesus** has done. — *Philippians 3:14 (CEV)*

30) **Christ** gives me the **strength** to face **anything.** — *Philippians 4:13 (CEV)*

31) Use the **gift** you were **given** when the prophets spoke and the group of church leaders **blessed** you by placing their hands on you. — *1 Timothy 4:14 (CEV)*

32) **Practice** these things and **devote yourself** to them, in order that your **progress** may be **seen** by all. — *1 Timothy 4:15 (GNB)*

33) I have done **my best** in the **race,** I have run the **full distance,** and I have kept the **faith.** — *2 Timothy 4:7 (GNB)*

34) No one can **please God** without **faith,** for whoever comes to God must have **faith** that God **exists** and **rewards** those who **seek** him. — *Hebrews 11:6 (GNB)*

Chapter 9
Self Destructive Behaviour

Read On: Jan 9th | Mar 5th | April 30th | June 25th | Aug 20th | Oct 15th | Dec 10th

1) The **wealth** you get from **crime** robs you of your **life.**
— *Proverbs 1:19 (CEV)*

2) He who is **slow** to **anger** has great **understanding,** but he who is **hasty** of spirit **exposes** and **exalts** his folly.
— *Proverbs 14:29 (AMP)*

3) Don't be jealous of **violent** people or decide to **act** as **they do.**
— *Proverbs 3:31 (GNB)*

4) Keep looking **straight ahead,** without turning **aside.** — *Proverbs 4:25 (CEV)*

5) Too much **pride** can put you to **shame.** It's **wiser** to be **humble.**
— *Proverbs 11:2 (CEV)*

6) A gracious and **good woman** wins **honor** [for her **husband],** and violent men win riches but a **woman** who **hates righteousness** is a throne of **dishonor** for him.
— *Proverbs 11:16 (AMP)*

7) **Meanness** gets you **nowhere,** but **goodness** is **rewarded.**
— *Proverbs 11:18 (CEV)*

8) You can be sure of this: All **crooks** will be **punished,** but **God's** people **won't.** — *Proverbs 11:21*

9) Righteousness gives **life,** but violence takes it **away.** — *Proverbs 11:30 (GNB)*

10) **Sin** cannot offer **security!** But if you **live right,** you will be as secure as a tree with **deep roots.**
— *Proverbs 12:3 (CEV)*

12) **Losing** your **temper** is foolish; **ignoring** an insult is **sensible.**
— *Proverbs 12:16 (CEV)*

11) **Good** people have **kind thoughts,** but you should never trust the advice of **someone evil.**
— *Proverbs 12:5 (CEV)*

13) You **harvest** what you **plant,** whether good or bad.
— *Proverbs 14:14 (CEV)*

Scripture Therapy Daily Devotional For Success

14) A **wise** man **controls** his **temper.** He knows that **anger** causes **mistakes.**
— *Proverbs 14:29 (TLB)*

15) Hot tempers cause **arguments,** but **patience** brings **peace.**
— *Proverbs 15:18 (GNB)*

16) Anyone who **thinks** and **speaks evil** can expect to find **nothing good** - only **disaster.** — *Proverbs 17:20 (GNB)*

17) No one is **respected** unless he is **humble; arrogant** people are on the way to **ruin.** — *Proverbs 18:12 (GNB)*

18) What **matters most** is **loyalty.** It's better to be **poor** than to be a **liar.** — *Proverbs 19:22 (CEV)*

19) If you **curse** your **parents,** your **life** will **end** like a lamp that goes out in the dark. — *Proverbs 20:20 (GNB)*

20) Do what is **right** and **fair;** that **pleases** the LORD more than **bringing** him **sacrifices.** — *Proverbs 21:3 (GNB)*

21) If you try to be **kind** and **good,** you will be **blessed** with **life** and **goodness** and **honour.**
— *Proverbs 21:21 (CEV)*

22) A **righteous** man's father has good reason to be **happy.** You can take **pride** in a **wise son.**
— *Proverbs 23:24 (GNB)*

23) No matter how often **honest people** fall, they always **get up again;** but disaster **destroys** the **wicked.**
— *Proverbs 24:16 (GNB)*

24) When you stand before the king, **don't try to impress** him and **pretend** to be **important.**
— *Proverbs 25:6 (GNB)*

25) When a **good** person gives in to the **wicked,** it's like dumping **rubbish** in a stream of **clear** water. — *Proverbs 25:26 (CEV)*

26) If you let a **fool** deliver a **message,** you might as well cut off you own feet; you are **asking** for **trouble.** — *Proverbs 26:6 (GNB)*

27) **Insincere talk** that **hides** what you are **really thinking** is like a fine glaze on a **cheap clay pot.**
— *Proverbs 26:23 (GNB)*

28) Don't **boast** about **yourself** — let **others** praise you. — *Proverbs 27:2 (CEV)*

45

Scripture Therapy Daily Devotional For Success

29) Anger is cruel and destructive, but it is nothing compared to jealousy. — *Proverbs 27:4 (GNB)*

30) A nagging wife is like water going drip-drip-drip on a rainy day. — *Proverbs 27:15 (GNB)*

31) Wicked people run away when no one chases them, but those who live right are as brave as lions. — *Proverbs 28:1 (CEV)*

32) Anyone who thinks it isn't wrong to steal from his parents is no better than a common thief. — *Proverbs 28:24 (GNB)*

33) An honest ruler makes the nation strong; a ruler who takes bribes will bring it to ruin. — *Proverbs 29:4 (CEV)*

34) Evil people are trapped in their own sins, while honest people are happy and free. — *Proverbs 29:6 (GNB)*

35) If a ruler pays attention to false information, all his officials will be liars. — *Proverbs 29:12 (GNB)*

36) A person with a quick temper stirs up arguments and commits a lot of sins. — *Proverbs 29:22 (CEV)*

37) A man's pride will bring him low, but he who is of a humble spirit will obtain honor. — *Proverbs 29:23 (AMP)*

38) There are people who think they are pure when they are as filthy as they can be. — *Proverbs 30:12 (GNB)*

39) Some people are stuck-up and act like snobs. — *Proverbs 30:13 (CEV)*

Chapter 10
Honesty

Read On: Jan 10th | Mar 6th | May 1st | June 26th | Aug 21st | Oct 16th | Dec 11th

1) But in addition, you should choose some **capable men** and appoint them as **leaders** of the people: leaders of thousands, hundreds, fifties, and tens. They must be **God-fearing men** who can be **trusted** and who cannot be **bribed.** — *Exodus 18:21 (GNB)*

2) You shall do no **injustice** in **judging** a case; you shall not be **partial** to the **poor** or show a **preference** for the mighty, but in **righteousness** and according to the **merits** of the **case** judge your neighbor. — *Leviticus 19:15 (AMP)*

3) If you will serve me in **honesty** and **integrity,** as your father David did, and if you **obey** my **laws** and do everything I have **commanded** you. — *I Kings 9:4 (GNB)*

4) The men **in charge** of the work were thoroughly **honest,** so there was no need to **require** them to **account** for the **funds.** — *2 Kings 12:15 (GNB)*

5) But we are **happy,** because everyone has **voluntarily** given you these things. You know what is in everyone's **heart,** and you are **pleased** when people are **honest.** — *1 Chronicles 29:17 (CEV)*

6) Then the LORD asked, "What do you think of my servant - Job? No one on earth **is like him** — he is a **truly good person,** who **respects** me and **refuses** to do evil. And he hasn't **changed,** even though you **persuaded** me to **destroy** him for no **reason.**" — *Job 2:3 (CEV)*

7) I **promised myself** never to **stare** with **desire** at a **young woman.** — *Job 31:1 (CEV)*

8) Only those who **obey God** and do as they **should.** They speak the **truth** [3] and don't **spread gossip;** they treat others **fairly** and don't say cruel things. — *Psalm 15:2-3 (CEV)*

9) They hate worthless people, but show **respect** for all who **worship** the **Lord.** And they **keep** their **promises,** no matter what the **cost.** — *Psalm 15:4 (CEV)*

10) They make loans without **charging interest** and cannot be **bribed** to testify against the **innocent.** Whoever **does** these things will **always** be s**ecure.** — *Psalm 15:5 (GNB)*

11) Teach me to live **according** to your **truth,** for you are my God, who **saves** me. I always **trust** in you. — *Psalm 25:5 (GNB)*

12) But you want **complete honesty,** so **teach** me true **wisdom.** — *Psalm 51:6 (CEV)*

13) Enable me to **speak** the **truth** at all times, because my **hope** is in your **judgments.** — *Psalm 119:43 (GNB)*

14) Here are proverbs that will help you to recognize **wisdom** and **good advice,** and **understand sayings** with deep **meaning.** — *Proverbs 1:2 (GNB)*

15) You will learn what is **right** and **honest** and **fair.** — *Proverbs 1:3 (CEV)*

16) I always **speak** the **truth** and **refuse** to tell a **lie.** — *Proverbs 8:7 (CEV)*

17) You will be **safe,** if you always do **right,** but you will get **caught,** if you are **dishonest.** — *Proverbs 10:9 (CEV)*

19) No one who gossips can be **trusted** with a **secret,** but you can put **confidence** in someone who is **trustworthy.** — *Proverbs 11:13 (GNB)*

18) If you are good, you are guided by **honesty.** People who can't be **trusted** are destroyed by their own **dishonesty.** — *Proverbs 11:3 (GNB)*

21) The LORD hates every **liar,** but he is the **friend** of all who can be **trusted.** — *Proverbs 12:22 (CEV)*

20) A lie has a **short life,** but truth **lives on for ever.** — *Proverbs 12:19 (GNB)*

22) A king wants to hear the **truth** and will **favour** those who **speak** it. — *Proverbs 16:13 (GNB)*

23) Be honest and you will be **safe.** If you are **dishonest,** you will suddenly **fall.** — *Proverbs 28:18 (GNB)*

Scripture Therapy Daily Devotional For Success

24) It is foolish to follow your own **opinions**. Be **safe**, and **follow** the **teachings** of **wiser people**.
— *Proverbs 28:26 (GNB)*

25) Their **tongues** are like deadly arrows; they **always** tell **lies**. Everyone speaks friendly words to his neighbour, but is **really** setting a **trap** for **him**. — *Jeremiah 9:8 (GNB)*

26) These are the things you should do: **speak** the **truth** to one **another**. In the courts, give **real justice** - the kind that brings **peace**. — *Zechariah 8:16 (GNB)*

27) And if you have not **proved faithful** in that **which belongs to another** [whether **God** or man], who will give you that which is **your own** [that is, the true riches]?
— *Luke 16:12 (AMP)*

28) "That's fine, my **good servant!**" the king said. "Since you have **shown** that you can be **trusted** with a small **amount,** you will be given ten cities to **rule.**" — *Luke 19:17 (CEV)*

29) Love must be **completely sincere**. Hate what is **evil**, hold on to what is **good**.
— *Romans 12:9 (GNB)*

30) Our **purpose** is to do what is **right**, not only in the sight of the **Lord**, but also in the **sight** of others. — *2 Corinthians 8:21 (GNB)*

31) We are part of the **same body**. Stop **lying** and start **telling** each other the **truth**.
— *Ephesians 4:25 (CEV)*

32) In conclusion, my brothers and sisters, **fill** your **minds** with those things that are **good** and that **deserve praise:** things that are **true, noble, right, pure, lovely,** and honourable. — *Philippians 4:8 (GNB)*

33) Such people **claim** to know God, but their actions prove that they **really don't.** They are disgusting. **They won't obey God,** and they are too worthless to do anything good. — *Titus 1:16 (CEV)*

34) In all things **you yourself** must be an example of **good behaviour.** Be **sincere** and **serious** in your teaching. — *Titus 2:7 (GNB)*

35) Use **clean language** that no one can criticize. Do this, and your enemies will be too ashamed to say anything **against you.** — *Titus 2:8 (CEV)*

36) I write to you not because you are **ignorant** and do not **perceive** and **know** the **Truth,** but because you do perceive and know it, and [know positively] that nothing false (no deception, no lie is of the Truth. — *1 John 2:21 (AMP)*

49

Chapter 11
Pride & Arrogance

Read On: Jan 11th | Mar 7th | May 2nd | June 27th | Aug 22nd | Oct 17th | Dec 12th

1) You **cannot stand** the sight of the **proud;** you hate all **wicked** people. — *Psalm 5:5 (GNB)*

2) You **rescue** the **humble,** but you put down all who are **proud.** — *Psalm 18:27 (CEV)*

3) You tell every boaster, **"Stop boasting!"** And to the wicked you say, "Don't **boast** of your **power!** ⁵**Stop** boasting! **Stop** telling me how **great** you are." — *Psalm 75:4-5 (CEV)*

4) Keep looking **straight ahead,** without turning **aside.** — *Proverbs 4:25 (CEV)*

5) Too much pride can put you to **shame.** It's wiser to be **humble.** — *Proverbs 11:2 (CEV)*

6) It is better to be an **ordinary** person **working** for a **living** than to play the **part** of someone **great** but go **hungry.** — *Proverbs 12:9 (GNB)*

7) Too much pride causes **trouble.** Be **sensible** and take **advice.** — *Proverbs 13:10 (CEV)*

8) The LORD **doesn't like** anyone who is **conceited** — you can be **sure** they will be **punished.** — *Proverbs 16:5 (CEV)*

9) Too much **pride** will **destroy** you. — *Proverbs 16:18 (CEV)*

10) He who deals **wisely** and **heeds** [God's] **word** and **counsel** shall find **good,** and whoever **leans** on, **trusts** in, and is **confident** in the **Lord**—**happy, blessed,** and **fortunate** is he. — *Proverbs 16:20 (AMP)*

11) No one is **respected** unless he is **humble, arrogant** people are on the way to **ruin.** — *Proverbs 18:12 (GNB)*

12) Evil people are **proud** and **arrogant,** but sin is the only crop **they produce.** — *Proverbs 21:4 (CEV)*

13) If you are **proud** and **conceited,** everyone will say, **"You're a snob!"** — *Proverbs 21:24 (CEV)*

14) Too much **pride** brings **disgrace;** **humility** leads to **honour.** — *Proverbs 29:23 (CEV)*

15) When the LORD comes, everyone who is **proud** will be made **humble,** and the LORD alone will be **honoured.** — *Isaiah 2:11 (CEV)*

16) The LORD All-Powerful has chosen a day when those who are **proud** and **conceited** will be put down. — *Isaiah 2:12 (CEV)*

17) People of Judah, don't be too **proud** to **listen** to what the LORD has **said.** ¹⁶You hope for light, but God is sending darkness. Evening shadows already deepen in the hills. So **return** to **God** and **confess** your sins to **him** before you **trip** and **fall.** — *Jeremiah 13:15-16 (CEV)*

18) But if you will not **hear** and **obey,** I will weep in secret for your pride; my eyes will weep bitterly and run down with tears, because the Lord's flock has been taken **captive.** — *Jeremiah 13:17 (AMP)*

19) By your great wisdom and by your traffic you have **increased** your **riches** and **power,** and your **heart** is **proud** and **lifted up** because of your **wealth.** — *Ezekiel 28:5 (AMP)*

20) "And now, I, Nebuchadnezzar, **praise, honour,** and **glorify** the King of Heaven. Everything he does is **right** and **just,** and he can **humble** anyone who acts **proudly.**" — *Daniel 4:37 (GNB)*

21) Your **pride** has **deceived** you. Your capital is a fortress of solid rock; your home is high in the mountains, and so **you say to yourself,** 'Who can ever **pull me down?**' — *Obadiah 1:3 (GNB)*

22) Your **words** have been **strong** and **hard against Me,** says the Lord. Yet you say, What have we spoken against You? — *Malachi 3:13 (AMP)*

23) You have **said,** 'It's useless to **serve** God. What's the use of **doing** what he **says** or of trying to **show** the LORD Almighty that we are **sorry** for what we have done? — *Malachi 3:14 (GNB)*

24) Then the people who **feared** the LORD spoke to one another, and the LORD listened and **heard** what they **said**. In his presence, there was written down in a book **a record** of those who **feared** the LORD and **respected him.** — *Malachi 3:16 (GNB)*

25) "They will be **my people**," says the LORD Almighty. "On the **day** when I act, they will be **my very own**. I will be **merciful** to them, as a father is merciful to the son who **serves** him. — *Malachi 3:17 (GNB)*

26) Once again my people will see the **difference** between what happens to the **righteous** and to the **wicked,** to the person who serves me and the one who **does not.**" — *Malachi 3:18 (GNB)*

27) The LORD Almighty says, "The day is **coming** when all **proud** and **evil people** will burn like straw. On that day they will burn up, and there will be **nothing** left of them. — *Malachi 4:1 (GNB)*

28) But for you who **obey** me, my **saving power** will rise on **you** like the sun and bring **healing** like the sun's rays. You will be **as free** and **happy** as calves let out of a stall. — *Malachi 4:2 (GNB)*

29) For who **separates** you from the **others** [as a faction leader]? [Who makes you **superior** and **sets** you apart from **another,** giving you the preeminence?] What have you that was not **given** to you? If then you received it [from someone], why do you **boast** as if you had not received [but had gained it **by your own efforts**]? — *1 Corinthians 4:7 (AMP)*

30) As for the **rich** in this world, charge them not to be **proud** and **arrogant** and **contemptuous** of others, nor to set their **hopes** on uncertain **riches,** but on God, Who richly and ceaselessly provides us with **everything** for [our] enjoyment. — *1 Timothy 6:17 (AMP)*

31) [Charge them] to do **good,** to be **rich** in **good works,** to be **liberal** and **generous** of heart, ready to **share** [with others]. — *1 Timothy 6:18 (AMP)*

32) In the same way you **younger people** must **submit** to your **elders.** And all of you must put on the apron of **humility,** to **serve** one **another;** for the scripture says, "God **resists** the **proud,** but shows favour to the **humble.**" — *1 Peter 5:5 (GNB)*

Chapter 12
Character & Integrity

Read On: Jan 12th | Mar 8th | May 3rd | June 28th | Aug 23rd | Oct 18th | Dec 13th

1) Inexperienced people die because they reject wisdom. Stupid people are destroyed by their own lack of **concern.** — *Proverbs 1:32 (GNB)*

2) Never let yourself think that you are **wiser** than you are; simply **obey** the LORD and **refuse** to do **wrong.** — *Proverbs 3:7 (GNB)*

3) The LORD **sees** what happens everywhere; he is **watching** us, whether we do **good** or **evil.** — *Proverbs 15:3 (GNB)*

4) A **good reputation** and **respect** are worth **much more** than silver and gold. — *Proverbs 22:1 (CEV)*

5) Everyone hates senseless fools who **think up** ways to **sin.** — *Proverbs 24:9 (CEV)*

6) Now, Ezekiel, **tell everyone** in Israel: **I am** the LORD God. Stop **worshiping** your **disgusting idols** and **come back** to me. — *Ezekiel 14:6 (CEV)*

7) "**Turn away** from your **sins,**" he said, "because the kingdom of heaven **is near!**" — *Matthew 3:2 (GNB)*

8) You are like **light** for the whole **world.** A city built on top of a hill cannot be **hidden.** — *Matthew 5:14 (CEV)*

9) In the same way your **light** must **shine** before **people,** so that they will **see** the **good** things you do and praise your **Father** in heaven. — *Matthew 5:16 (GNB)*

10) So then, you will **know** the false prophets by **what they do.** — *Matthew 7:20 (GNB)*

11) Not **everyone** who **calls** me their **Lord** will get into the kingdom of heaven. Only the ones who obey my **Father** in heaven will **get in.** — *Matthew 7:21 (CEV)*

12) But if you keep on being **faithful** right to the **end,** you will be **saved.** — *Matthew 24:13 (CEV)*

13) And the disciples were **amazed** and **bewildered** and **perplexed** at His words. But **Jesus** said to them again, Children, how **hard** it is for those who **trust (place their confidence, their sense of safety) in riches** to enter the **kingdom of God!** — *Mark 10:24 (AMP)*

14) you will **know** the **truth**, and the **truth** will set you **free."** — *John 8:32 (GNB)*

15) You are to **open** their **eyes** and turn them from the **darkness** to the light and from the **power** of Satan to **God,** so that through their **faith** in me they will have their sins **forgiven** and receive their **place** among God's **chosen** people.' — *Acts 26:18 (GNB)*

16) No, we **should not!** If we are **dead** to sin, how can **we go on sinning?** — *Romans 6:2 (CEV)*

17) We were buried therefore with Him by the **baptism** into death, so that just as **Christ** was **raised** from the dead by the **glorious [power]** of the **Father,** so **we too** might **[habitually] live** and **behave** in **newness** of life. — *Romans 6:4 (AMP)*

18) We know that our **old (unrenewed) self** was nailed to the cross with **Him** in order that [our] **body** [which is the **instrument]** of **sin** might be made **ineffective** and **inactive for evil,** that we might no longer be the **slaves** of **sin.** — *Romans 6:6 (AMP)*

19) Don't let **sin rule** your **body.** After all, your body is bound to die, so don't **obey** its **desires.** — *Romans 6:12 (CEV)*

20) Don't let **sin** keep **ruling** your **lives.** You are **ruled** by **God's kindness** and not by the Law. — *Romans 6:14 (CEV)*

21) Those who live **as their human nature** tells them to, have their **minds controlled** by what **human nature wants.** Those who live as the **Spirit tells them to,** have their **minds controlled** by what the Spirit wants. — *Romans 8:5 (GNB)*

22) So you will be **saved,** if you honestly say, **"Jesus is Lord,"** and if you believe with all your heart that God **raised** him from death. — *Romans 10:9 (CEV)*

23) As the scripture says, "Everyone who **calls out** to the **Lord** for **help** will be **saved."** — *Romans 10:13 (GNB)*

24) Don't let evil **defeat** you, but **defeat evil** with **good.** — *Romans 12:21 (CEV)*

25) And so, each of us must **give an account** to **God** for what **we do.** — *Romans 14:12 (CEV)*

26) I was talking about your own people who are **immoral** or **greedy** or worship **idols** or curse others or get **drunk** or **cheat. Don't even** eat with them! — *1 Corinthians 5:11 (CEV)*

27) If we would **examine ourselves first,** we would not come under God's judgment. — *I Corinthians 11:31 (GNB)*

28) Do **all** your work **in love.** — *1 Corinthians 16:14 (GNB)*

29) And **Christ** did die for **all of us.** He died so we would no longer **live** for **ourselves,** but for the one **who died** and was **raised** to life **for us.** — *2 Corinthians 5:15 (CEV)*

30) Therefore if any **person** is [ingrafted] in **Christ** (the Messiah) he is a **new creation** (a new creature altogether) ; the **old** [previous moral and spiritual condition] has passed **away.** Behold, the **fresh** and **new** has come! — *2 Corinthians 5:17 (AMP)*

31) Here we are, then, speaking for **Christ,** as though **God himself** were making **his appeal** through us. We plead on **Christ's** behalf: let **God** change you from **enemies** into his **friends!** — *2 Corinthians 5:20 (GNB)*

32) so that it is no longer **I** who **live,** but it is **Christ** who lives **in me.** This life that I live now, I live by faith in the **Son the God,** who **loved** me and gave his **life** for **me.** — *Galatians 2:20 (GNB)*

33) And because we **belong** to Christ Jesus, we have **killed** our **selfish feelings** and desires. — *Galatians 5:24 (CEV)*

34) And I am convinced and sure of this very thing, that He Who **began** a **good work** in you will **continue** until the day of **Jesus Christ** [right up to the time of His return], **developing** [that good work] and perfecting and bringing it to **full completion in you.**
— *Philippians 1:6 (AMP)*

35) He saved us and **called us** to be his **own people,** not because of what we have done, but because of his own **purpose** and **grace.** He gave us this grace by means of **Christ Jesus** before the beginning of time.
— *2 Timothy 1:9 (GNB)*

36) If you **don't do** what you know is **right,** you have **sinned.**
— *James 4:17 (CEV)*

37) The Lord **watches** over everyone who **obeys** him, and he **listens** to their **prayers.** But he **opposes** everyone who does **evil."**
— *1 Peter 3:12 (CEV)*

38) But have reverence for **Christ** in your **hearts,** and **honour** him as Lord. Be ready at all times to answer anyone who asks you to **explain** the **hope** you have **in you.** — *1 Peter 3:15 (GNB)*

39) But if we **confess** our **sins** to **God,** he can **always** be **trusted** to **forgive** us and **take** our sins **away.**
— *1 John 1:9 (CEV)*

40) Who is it that is **victorious** over [that conquers] the world but he who **believes** that **Jesus** is the **Son of God** [who **adheres** to, **trusts** in, and **relies** on that **fact**]? — *1 John 5:5 (AMP)*

Chapter 13
Selfishness

Read On: Jan 13th | Mar 9th | May 4th | June 29th | Aug 24th | Oct 19th | Dec 14th

1) As long as I can remember, **good people** have never been left **helpless,** and their **children** have never gone **begging** for bread. They gladly **give** and **lend,** and their **children** turn out **good.**
— *Psalm 37:25-26 (CEV)*

2) It is **well** with the man who deals **generously** and **lends,** who conducts his **affairs** with **justice.** — *Psalm 112:5 (AMP)*

3) They won't ever be **troubled,** and the **kind things they do** will never be **forgotten.** — *Psalm 112:6 (CEV)*

4) Be **generous** and you will be **prosperous. Help others,** and you will be **helped.** — *Proverbs 11:25 (GNB)*

5) It's **wrong** to **hate** others, but God **blesses** everyone who is **kind** to the **poor.**
— *Proverbs 14:21 (CEV)*

6) If you **oppress poor people,** you **insult** the God who **made** them; but **kindness** shown to the **poor** is an act of **worship.** — *Proverbs 14:31 (GNB)*

7) Help your **relatives** and they will **protect** you like a strong city wall, but if you **quarrel** with them, they will **close their doors** to you.
— *Proverbs 18:19 (GNB)*

8) When you **give** to the **poor,** it is like **lending** to the LORD, and the LORD will **pay you back.**
— *Proverbs 19:17 (GNB)*

9) It is a **disgrace** to be **greedy;** poor people are **better off** than **liars.** — *Proverbs 19:22 (GNB)*

10) If you won't **help** the **poor,** don't **expect** to be **heard** when you **cry out** for help. — *Proverbs 21:13 (CEV)*

11) But people who **obey** God are always **generous.**
— *Proverbs 21:26 (CEV)*

12) Be **generous** and **share** your **food** with the poor. You will be **blessed** for it. — *Proverbs 22:9 (GNB)*

13) Be **generous,** and someday you will be **rewarded.**
— *Ecclesiastes 11:1 (CEV)*

14) **Give** to everyone who **asks** you for **something,** and when someone **takes** what is yours, do not **ask** for it back. — *Luke 6:30 (GNB)*

15) No! **Love** your enemies and do **good** to **them;** lend and **expect nothing back.** You will then have a **great reward,** and you will be **children** of the **Most High God.** For **he is good** to the ungrateful and the wicked. — *Luke 6:35 (GNB)*

16) If you **give** to **others,** you will be **given** a full amount **in return.** It will be **packed down,** shaken together, and **spilling over into your lap.** The way you **treat** others is the way **you** will be treated. — *Luke 6:38 (CEV)*

17) The group of followers all felt the same way about everything. None of them **claimed** that their **possessions** were **their own,** and they **shared everything** they had with each other. — *Acts 4:32 (CEV)*

18) I have **shown** you in all things that by **working hard** in this way we must **help** the weak, remembering the words that the **Lord Jesus** himself said, 'There is more **happiness** in **giving** than in **receiving'**. — *Acts 20:35 (GNB)*

19) **Share** your **belongings** with your **needy** fellow-Christians, and **open** your **homes** to strangers. — *Romans 12:13 (GNB)*

20) Let **love** be your only debt! If you **love** others, you have done **all** that the Law **demands.** — *Romans 13:8 (CEV)*

21) Let no one then **seek** his own **good** and **advantage** and **profit,** but [rather] each one of the other [let him **seek** the **welfare** of his **neighbor**]. — *1 Corinthians 10:24 (AMP)*

22) I may give away **everything** I have, and even give up my body to be burnt - but if I have **no love,** this does me no good. — *I Corinthians 13:3 (GNB)*

23) [Remember] this: he who **sows sparingly** and **grudgingly** will also **reap** sparingly and grudgingly, and he who **sows generously** [that **blessings** may come to **someone**] will also **reap generously** and with **blessings.** — *2 Corinthians 9:6 (AMP)*

24) Each of you must **make up your own mind** about how much **to give.** But don't feel **sorry** that you must **give** and don't feel that you are **forced** to **give. God loves** people who **love** to **give.** — *2 Corinthians 9:7 (CEV)*

25) And **God** is able **to give you more than you need,** so that **you will always have all you need for yourselves** and **more than enough for every good cause.**
— *2 Corinthians 9:8 (GNB)*

26) And God, who **supplies seed to sow** and **bread to eat,** will also supply you with all the **seed** you **need** and will **make it grow** and produce a **rich harvest** from your **generosity.** — *2 Corinthians 9:10 (GNB)*

27) Thus you will be enriched in all things and in every way, so that you can be generous, and [your generosity as it is] administered by us will bring forth thanksgiving to God. — *2 Corinthians 9:11 (AMP)*

28) For this **service you perform** not only **meets** the **needs** of God's **people,** but also produces an **outpouring** of **gratitude** to God. — *2 Corinthians 9:12 (GNB)*

29) The way in which you have **proved yourselves** by this **service** will bring **honour** and **praise** to **God.** You believed the message about Christ, and you **obeyed** it by **sharing generously** with God's people and with **everyone** else. — *2 Corinthians 9:13 (CEV)*

30) And so with **deep affection** they will **pray** for **you** because of the **extraordinary grace God** has **shown** you. — *2 Corinthians 9:14 (GNB)*

31) Help to carry **one another's burdens,** and in this way you will **obey** the law of **Christ.** — *Galatians 6:2 (GNB)*

32) You **cannot fool God,** so don't make a **fool** of **yourself!** You will **harvest** what you **plant.** — *Galatians 6:7 (CEV)*

33) If you are a thief, **stop stealing.** Be **honest** and **work hard,** so you will have **something to give** to people in **need.** — *Ephesians 4:28 (CEV)*

34) Instead, be **kind** and **merciful,** and forgive others, just as God **forgave** you because of **Christ.** — *Ephesians 4:32 (CEV)*

35) Remember that the **Lord** will **reward** everyone, whether slave or free, for the **good work** they do. — *Ephesians 6:8 (GNB)*

36) I urge you, then, to make me **completely happy** by having the same **thoughts, sharing** the same **love,** and being **one** in **soul** and **mind.** — *Philippians 2:2 (GNB)*

37) Don't be **hateful** to people, **just because** they are hateful to **you.** Rather, **be good to each other** and to **everyone else.** — *1 Thessalonians 5:15 (CEV)*

38) If anyone **fails to provide for his relatives,** and especially for those of **his own family,** he has disowned the faith [by **failing** to accompany it with **fruits**] and is **worse** than an unbeliever [who **performs** his **obligation** in these matters]. — *1 Timothy 5:8 (AMP)*

39) Instruct them to do as many **good deeds** as they can and to **help everyone.** Remind the rich to be **generous** and **share** what they have. — *1 Timothy 6:18 (CEV)*

40) Just as shepherds watch over their sheep, you must **watch over** everyone God has **placed** in your **care.** Do it **willingly** in order to **please God,** and not simply because you think you must. Let it be something you **want to do,** instead of something you do merely **to make money.** — *1 Peter 5:2 (CEV)*

Chapter 14
A Sinful Lifestyle

Read On: Jan 14th | Mar 10th | May 5th | June 30th | Aug 25th | Oct 20th | Dec 15th

1) Wash away all **my evil** and make me **clean** from my **sin!**
— *Psalm 51:2 (GNB)*

2) Too much **pride** causes trouble. Be **sensible** and take **advice.** — *Proverbs 13:10 (CEV)*

3) You will never **succeed** in life if you try to **hide** your **sins. Confess** them and **give them up;** then God will show **mercy** to you. — *Proverbs 28:13 (GNB)*

4) You are to **open** their **eyes** and **turn** them from the **darkness** to the **light** and from the **power** of Satan to **God,** so that through their **faith in me** they will have their sins **forgiven** and receive their **place** among God's **chosen** people.'
— *Acts 26:18 (GNB)*

5) We know that the persons **we used to be** were nailed to the cross with **Jesus.** This was done, so that our **sinful bodies** would no longer be the **slaves** of **sin.** — *Romans 6:6 (CEV)*

6) In the same way, you must **think of yourselves** as dead to the **power of sin.** But Christ Jesus has given **life to you,** and you **live** for **God.**
— *Romans 6:11 (CEV)*

7) Don't let **sin** rule your **body.** After all, your body is bound to die, so don't **obey** its **desires** — *Romans 6:12 (CEV)*

8) Nor must you **surrender** any **part** of yourselves to sin to be used for wicked purposes. Instead, give yourselves to God, as those who have been brought from death to life, and surrender your whole being to him to be used for righteous purposes.
— *Romans 6:13 (GNB)*

9) Don't let **sin** keep ruling your lives. You are ruled by God's kindness and not by the **Law.** — *Romans 6:14 (CEV)*

61

10) (I use everyday language because of the **weakness** of your **natural selves.**) At one time you **surrendered yourselves** entirely as slaves to **impurity** and **wickedness** for **wicked purposes.** In the same way you must now **surrender yourselves** entirely as slaves of **righteousness** for **holy** purposes. — *Romans 6:19 (GNB)*

11) Do not be **conformed** to this world (this age) , [**fashioned after** and **adapted** to its external, **superficial customs**], but be **transformed (changed)** by the [entire] **renewal** of your **mind** [by its **new ideals** and its **new attitude**], so that you may **prove** [for yourselves] what is the **good** and **acceptable** and **perfect will of God,** even the thing which is **good** and **acceptable** and **perfect** [in His sight for you]. — *Romans 12:2 (AMP)*

12) But take up the **weapons** of the **Lord Jesus Christ,** and **stop paying attention** to your **sinful nature** and **satisfying** it's **desires.** — *Romans 13:14 (GNB)*

13) All these **promises** are made **to us,** my dear friends. So then, let us **purify ourselves** from everything that makes **body** or **soul unclean,** and let us be **completely holy** by living in **awe** of **God.** — *2 Corinthians 7:1 (GNB)*

14) As a **follower of the Lord, I order** you to **stop** living like **stupid, godless people.** ¹⁸Their **minds** are in the **dark,** and they are **stubborn** and **ignorant** and have **missed out on the life** that comes **from God.** They no longer have any **feelings** about what is right, ¹⁹and they are so **greedy** that they do all kinds of **indecent** things.
— *Ephesians 4:17-19 (CEV)*

15) You were told that your **foolish desires** will **destroy** you and that you must **give up** your old **way of life** with all its **bad habits.** — *Ephesians 4:22 (CEV)*

16) And be constantly **renewed** in the **spirit** of your **mind** [having a **fresh mental** and **spiritual attitude**]. — *Ephesians 4:23 (AMP)*

17) **No more lying,** then! Each of you must **tell the truth** to one another, because we are all **members** together in the **body of Christ.** — *Ephesians 4:25 (GNB)*

18) If you become angry, do not **let** your **anger** lead you into **sin,** and do not s**tay** angry **all** day. — *Ephesians 4:26 (GNB)*

19) and **don't give** the devil a **chance.** — *Ephesians 4:27 (CEV)*

20) Do not use **harmful words,** but only **helpful words,** the kind that **build up** and provide **what is needed,** so that what you **say** will do **good** to **those** who **hear** you. — *Ephesians 4:29 (GNB)*

21) And do not make **God's Holy Spirit sad;** for the **Spirit** is God's mark of **ownership** on you, a guarantee that the Day will come when God will **set** you **free.** — *Ephesians 4:30 (GNB)*

22) **Stop** being **bitter** and an**gry** with others. Don't **yell** at one another or **curse** each other or ever be **rude.** Instead, be **kind** and **merciful,** and **forgive** others, just as **God forgave you** because of **Christ.** — *Ephesians 4:31-32 (CEV)*

23) If anyone makes himself or herself **clean** from all those **evil things,** they **will be used** for **special purposes,** because they are **dedicated** and **useful** to their Master, ready to be **used** for every **good deed.** — *2 Timothy 2:21 (GNB)*

24) Everything in the **Scriptures** is **God's Word.** All of it is **useful** for teaching and **helping people** and for **correcting** them and **showing** them how to **live.** — *2 Timothy 3:16 (CEV)*

25) We used to be **stupid, disobedient,** and **foolish,** as well as slaves of all sorts of **desires** and pleasures. We were **evil** and **jealous.** Everyone **hated us,** and we **hated everyone.** — *Titus 3:3 (CEV)*

26) Give a **kind** and **respectful answer** and keep your **conscience** clear. This way you will make people ashamed for saying **bad things** about your **good conduct** as a **follower** of Christ. — *1 Peter 3:16 (CEV)*

27) You have already lived **long enough** like people who **don't know God.** You were **immoral** and followed your **evil desires.** You went around **drinking** and **feasting** and **carrying on.** In fact, you even worshiped **disgusting idols.** — *1 Peter 4:3 (CEV)*

28) But if we **live in the light,** as **God** does, we share in life with each other. And the blood of his **Son Jesus** washes all our **sins** away. — *1 John 1:7 (CEV)*

29) God's children **cannot** keep on being sinful. His **life-giving power lives in them** and makes them his **children,** so that they **cannot** keep on sinning. — *1 John 3:9 (CEV)*

Chapter 15
Forgiveness

Read On: Jan 15th | Mar 11th | May 6th | July 1st | Aug 26th | Oct 21st | Dec 16th

1) Keep your **promise**, LORD, and **forgive** my **sins,** for they are **many.** — *Psalm 25:11 (GNB)*

2) Help us, O God, and **save** us; **rescue** us and **forgive** our **sins** for the **sake** of your own **honour.** — *Psalm 79:9 (GNB)*

3) You are **good** to us and **forgiving,** full of **constant love** for all who **pray** to you. — *Psalm 86:5 (GNB)*

4) Say not, I will **do to him** as he has **done to me;** I will **pay** the man **back** for his deed. — *Proverbs 24:29 (AMP)*

5) LORD God, you are **merciful** and **forgiving,** even though we have **rebelled** against you. — *Daniel 9:9 (CEV)*

6) Forgive us the wrongs **we have done,** as we **forgive** the **wrongs** that **others** have done to **us.** — *Matthew 6:12 (GNB)*

7) If you **forgive** others for the **wrongs** they **do to you,** your Father in heaven will **forgive** you. — *Matthew 6:14 (CEV)*

8) But if you **do not forgive others,** then your Father will not **forgive** the wrongs **you have done.** — *Matthew 6:15 (GNB)*

9) And **Jesus** concluded, "**That is how** my Father in heaven **will treat** every one of you unless you **forgive** your brother from your **heart.**" — *Matthew 18:35 (GNB)*

10) Whenever you stand up to **pray,** you must **forgive** what **others** have done **to you.** Then your Father in heaven will **forgive your sins.** — *Mark 11:25-26 (CEV)*

11) "Do not **judge** others, and **God** will not **judge you;** do not **condemn** others, and **God will not** condemn you; **forgive** others, and **God** will **forgive** you. — *Luke 6:37 (GNB)*

65

12) **Forgive** our sins, as we **forgive** everyone who has done **wrong** to us. And keep us from being **tempted.'** — *Luke 11:4 (CEV)*

13) So be careful **what you do.** Correct any followers of mine who **sin,** and **forgive** the ones **who say** they are **sorry.**
— *Luke 17:3 (CEV)*

14) Even if one of them **ill-treats** you seven times **in one day** and says, **"I am sorry,"** you should still **forgive that person.**
— *Luke 17:4 (CEV)*

15) Jesus said, **"forgive them, Father!** They don't know what they are doing." They divided his clothes among themselves by throwing dice.
— *Luke 23:34 (GNB)*

16) And that repentance [with a view to and as the condition of] forgiveness of sins should be preached in His name to all nations, beginning from Jerusalem.
— *Luke 24:47 (AMP)*

17) I give you a **new commandment:** that you should **love one another.** Just as I have loved you, so you too should love one another.
— *John 13:34 (AMP)*

18) If you **love each other,** everyone will know that you are my **disciples.**
— *John 13:35 (CEV)*

19) If you **forgive** people's **sins,** they are forgiven; if you **do not forgive** them, they are not **forgiven."**
— *John 20:23 (GNB)*

20) Every one of the prophets has said that all who have **faith** in **Jesus** will have their **sins forgiven** in **his** name.
— *Acts 10:43 (CEV)*

21) The Law came, so that the **full power of sin** could be seen. Yet where sin was powerful, **God's kindness** was even **more powerful.** — *Romans 5:20 (CEV)*

22) Bless those who **persecute** you [who are **cruel** in their **attitude toward you];** bless and **do not curse** them.
— *Romans 12:14 (AMP)*

23) If someone has done you **wrong,** do not **repay** him with a **wrong.** Try to do what everyone considers to be good. — *Romans 12:17 (GNB)*

24) Dear friends, don't try to **get even.** Let God take revenge. In the Scriptures **the Lord says,** "I am **the one** to take revenge and pay them back." — *Romans 12:19 (CEV)*

25) Love is **kind** and **patient,** never jealous, **boastful, proud,** or ⁵**rude.** Love **isn't selfish** or **quick tempered.** It doesn't **keep a record** of **wrongs** that others do. — *1 Corinthians 13:4-5 (CEV)*

26) Most of you have already **pointed out** the wrong **that person did,** and that is **punishment enough** for what was done. — *2 Corinthians 2:6 (CEV)*

27) So [instead of **further rebuke,** now] you should rather turn and [**graciously**] **forgive** and **comfort** and **encourage** [him], to keep him from being **overwhelmed** by **excessive sorrow** and **despair.** — *2 Corinthians 2:7 (AMP)*

28) When people sin, you should **forgive** and **comfort** them, so they won't **give up in despair.** ⁸You should make them **sure** of your **love** for them. — *2 Corinthians 2:7-8 (CEV)*

29) When you **forgive** someone for what **he or she has done, I forgive them too.** For when **I forgive** – if, indeed, I need to forgive anything - I do it in Christ's presence **because of you.** — *2 Corinthians 2:10 (GNB)*

30) For by the blood of Christ we are set **free,** that is, our **sins** are **forgiven.** How great is the **grace** of **God.** — *Ephesians 1:7 (GNB)*

31) If you become **angry,** do not let your anger **lead you into sin,** and do not **stay angry all day.** — *Ephesians 4:26 (GNB)*

32) and **don't give the** devil a **chance.** — *Ephesians 4:27 (CEV)*

33) Stop being **bitter** and **angry** with **others.** Don't **yell** at one another or curse each other or ever be **rude.** — *Ephesians 4:31(CEV)*

34) Instead, be **kind** and **tender hearted** to one another, and **forgive one another,** as God has forgiven you through Christ. — *Ephesians 4:32 (GNB)*

35) Be **gentle** and **forbearing** with one **another** and, if one has a difference (a **grievance** or **complaint**) against another, **readily pardoning each other;** even as the Lord has [freely] **forgiven you,** so must you also [forgive]. — *Colossians 3:13 (AMP)*

36) I will treat them with **kindness,** even though they are wicked. I will **forget their sins."** — *Hebrews 8:12 (CEV)*

37) If we [freely] **admit** that we have **sinned** and **confess** our **sins,** He is faithful and just (true to His own **nature** and **promises**) and **will forgive** our sins [dismiss our **lawlessness**] and [**continuously**] **cleanse us** from all **unrighteousness** [everything **not in conformity** to **His will** in **purpose, thought,** and **action**]. — *1 John 1:9 (AMP)*

Chapter 16
Being Humble

Read On: Jan 16th | Mar 12th | May 7th | July 2nd | Aug 27th | Oct 22nd | Dec 17th

1) If My people, who are **called by My name**, shall **humble themselves, pray, seek, crave,** and require of necessity **My face** and turn from their **wicked ways,** then will I **hear** from heaven, **forgive** their **sin,** and **heal** their **land.** — *2 Chronicles 7:14 (AMP)*

2) You **save** those who are **humble,** but you **humble** those who are **proud.**
— *Psalm 18:27 (GNB)*

3) He **leads** the humble in the **right way** and **teaches** them his **will.**
— *Psalm 25:9 (GNB)*

4) The LORD **sneers** at those who **sneer at him,** but he is **kind** to everyone who is **humble.**
— *Proverbs 3:34 (CEV)*

5) If you **respect** the LORD, you will **hate evil.** I hate **pride** and conceit and **deceitful lies.**
— *Proverbs 8:13 (CEV)*

6) People who are **proud** will soon **be disgraced.** It is wiser to be modest. — *Proverbs 11:2 (GNB)*

7) **Reverence** for the LORD is an **education** in itself. You must be **humble** before you can ever receive **honours.**
— *Proverbs 15:33 (GNB)*

8) Too much **pride** will **destroy** you.
— *Proverbs 16:18 (CEV)*

10) **Obey** the LORD, be **humble,** and you will get **riches, honour,** and a **long life.**
— *Proverbs 22:4 (GNB)*

9) No one is **respected** unless he is **humble; arrogant** people are on the way to **ruin.**
— *Proverbs 18:12 (GNB)*

12) I have made everything; that's how it all came to be. I, the LORD, have spoken. The people I treasure most are the **humble** — they **depend** only on me and **tremble** when I **speak.**
— *Isaiah 66:2 (CEV)*

11) A man's **pride** will bring him **low,** but he who is of a **humble spirit** will obtain **honor.**
— *Proverbs 29:23 (AMP)*

13) About twelve months later, I was walking on the flat roof of my **royal palace** and **admiring** the beautiful city of Babylon, when these things **started happening to me**. I was **saying to myself,** "Just look at this wonderful capital city that **I have built** by **my own power** and for **my own glory!**" — *Daniel 4:28—30 (CEV)*

14) But when he became **proud** and **stubborn,** his **glorious kingdom** was **taken** from him. — *Daniel 5:20 (CEV)*

15) If you **humbly obey** the LORD, then come and **worship him.** If you **do right** and are **humble,** perhaps you will be **safe** on that day when the LORD turns loose **his anger.** — *Zephaniah 2:3 (CEV)*

16) "Do not **judge** others, so that God will not **judge** you. — *Matthew 7:1 (GNB)*

17) But if you are **as humble** as this **child,** you are the **greatest** in the **kingdom of heaven.** — *Matthew 18:4 (CEV)*

18) Whoever **exalts himself** [with haughtiness and empty pride] shall be **humbled (brought low)** , and whoever humbles himself [whoever has a **modest opinion** of **himself** and behaves accordingly] shall be **raised** to **honor.** — *Matthew 23:12 (AMP)*

19) "When someone invites you to a wedding feast, **do not sit down** in the **best place.** It could happen that someone **more important** than you has been invited ⁹and your host, who invited both of you, would have to come and say to you, 'Let him have this place.' Then you would be **embarrassed** and have to sit **in the lowest place.** — *Luke 14:8–9 (GNB)*

20) I realize how **kind** God has been to me, and so I tell each of you **not to think** you are **better** than you really are. Use **good sense** and measure yourself by the amount of **faith** that God has **given you.** — *Romans 12:3 (CEV)*

21) You may **boast** about **yourself,** but the only **approval** that counts is the **Lord's approval.**
— *2 Corinthians 10:18 (CEV)*

22) Living as becomes you] with complete **lowliness of mind** (humility) and **meekness** (unselfishness, gentleness, mildness), with **patience,** bearing with one another and making **allowances** because you **love** one another. — *Ephesians 4:2 (AMP)*

23) Don't do **anything** from **selfish ambition** or from a **cheap desire to boast,** but be **humble** towards one another, always **considering** others **better** than **yourselves.**
— *Philippians 2:3 (GNB)*

24) Christ was **humble.** He **obeyed God** and even died on a cross. — *Philippians 2:8 (CEV)*

25) Do not **allow yourselves** to be **condemned** by anyone who **claims** to be **superior** because of special visions and who insists on false humility and the worship of angels. For no reason at all, **such people** are all **puffed up** by their **human way** of **thinking**.
— *Colossians 2:18 (GNB)*

26) Be **gentle** and forbearing with one another and, if one has a difference (a **grievance** or **complaint**) against another, **readily pardoning** each other; even as the Lord has **[freely] forgiven** you, so must you also **[forgive]**. — *Colossians 3:13 (AMP)*

27) Command those who are **rich** in the things of this life **not to be proud,** but to place their hope, not in such an uncertain thing as **riches,** but in **God,** who generously gives us **everything** for our **enjoyment.** — *1 Timothy 6:17 (GNB)*

28) Tell them **not to speak evil of anyone,** but to be **peaceful** and **friendly,** and always to show a gentle **attitude** towards **everyone.** — *Titus 3:2 (GNB)*

29) Are any of you **wise** or **sensible?** Then show it by **living right** and by being **humble** and **wise** in **everything you do.** — *James 3:13 (CEV)*

30) Be humble in the **Lord's presence,** and he will **honour** you. — *James 4:10 (CEV)*

31) In the same way you **younger people** must **submit** to your **elders.** And all of you must put on the apron of **humility,** to **serve** one another; for the scripture says, "God **resists** the **proud,** but shows **favor** to the humble." — *I Peter 5:5 (GNB)*

32) Be **humble** in the presence of **God's mighty power,** and he will **honour** you when the time comes. — *1 Peter 5:6 (CEV)*

Chapter 17
Being Kind to Others

Read On: Jan 17th | Mar 13th | May 8th | July 3rd | Aug 28th | Oct 23rd | Dec 18th

1) Then he passed in front of Moses and called out, "I am the LORD God. I am **merciful** and **very patient with my people.** I show **great love,** and I can be **trusted.** — *Exodus 34:6 (CEV)*

2) "Show **respect** for **old people** and **honour** them. Reverently **obey me;** I am the **LORD** . — *Leviticus 19:32 (GNB)*

3) Let **love** and **loyalty** always **show** like a necklace, and write them **in your mind.** ⁴God and people will **like you** and consider you a **success.** — *Proverbs 3:3–4 (CEV)*

4) Never **tell** your neighbours to **wait until tomorrow** if you can **help** them now. — *Proverbs 3:28 (GNB)*

5) Don't **plan** anything that will **hurt** your neighbours; they live **beside** you, **trusting** you. — *Proverbs 3:29 (GNB)*

6) You do yourself a favour when you are **kind.** If you are **cruel,** you only **hurt yourself.** — *Proverbs 11:17 (GNB)*

7) Worry can **rob** you of **happiness,** but **kind words** will **cheer you up.** — *Proverbs 12:25 (GNB)*

8) If you want to be **happy,** be **kind** to the poor; it is a sin to **despise** anyone. — *Proverbs 14:21 (GNB)*

9) If you **oppress poor people,** you **insult** the God who made them; but kindness shown to the poor is an act of worship. — *Proverbs 14:31 (GNB)*

10) A kind answer soothes **angry feelings,** but **harsh words** stir them up. — *Proverbs 15:1 (CEV)*

11) Kind words are like honey — sweet to the taste and **good** for your **health.** — *Proverbs 16:24 (GNB)*

12) **Help** your **relatives** and they will **protect** you like a strong city wall, but if you **quarrel** with them, they will **close their doors** to you.
— *Proverbs 18:19 (GNB)*

14) That which is **desired** in a man is **loyalty** and **kindness** [and his glory and delight are his giving], but a **poor man** is **better** than a **liar**.
— *Proverbs 19:22 (AMP)*

16) Be **kind** and **honest** and you will live a **long life**; others will **respect** you and **treat** you fairly.
— *Proverbs 21:21 (GNB)*

19) Take care of a tree, and you will **eat its fruit**; look after your **master,** and you will be praised.
— *Proverbs 27:18 (CEV)*

20) Show me a **righteous ruler** and I will show you a **happy people.** Show me a **wicked** ruler and I will show you a **miserable people.**
— *Proverbs 29:2 (GNB)*

22) "If you **forgive** others the **wrongs** they have done **to you,** your Father in heaven will also **forgive you.**" — *Matthew 6:14 (GNB)*

13) **Caring** for the **poor** is lending to the LORD, and you will be well **repaid.**
— *Proverbs 19:17 (CEV)*

15) If you won't **help** the **poor,** don't **expect to be heard** when you **cry out** for **help.** — *Proverbs 21:13 (CEV)*

17) The king is the friend of all who are **sincere** and **speak** with **kindness.**
— *Proverbs 22:11 (CEV)*

18) Don't hesitate to **rescue** someone who is about to be executed **unjustly.** — *Proverbs 24:11 (GNB)*

21) She **opens her mouth** in **skillful** and **godly Wisdom,** and on her tongue is the **law of kindness** [giving counsel and instruction].
— *Proverbs 31:26 (AMP)*

23) If you feel you must **boast,** then have **enough sense** to boast about **worshiping me,** the LORD. What I like best is showing **kindness, justice,** and **mercy** to **everyone** on earth.
— *Jeremiah 9:24 (CEV)*

24) And **Jesus** concluded, "That is how my Father in Heaven **will treat every one of you** unless you **forgive your brother** from your **heart.**"
— *Matthew 18:35 (GNB)*

25) And when you stand and pray, **forgive anything** you may have **against anyone,** so that your Father in heaven will forgive the wrongs you have done." — *Mark 11:25 (GNB)*

26) Do not **judge others,** and **God** will not **judge you;** do not **condemn** others, and God will not **condemn you; forgive** others, and God will **forgive you.** — *Luke 6:37 (GNB)*

27) **Love endures long** and is **patient** and **kind;** love never is **envious** nor boils over with **jealousy,** is not **boastful** or vainglorious, **does not display itself haughtily.**
— *1 Corinthians 13:4 (AMP)*

28) Instead, be **kind** and **merciful,** and **forgive others,** just as God **forgave** you because of **Christ.**
— *Ephesians 4:32 (CEV)*

29) Let all men **know** and **perceive** and **recognize** your unselfishness (your **considerateness,** your **forbearing spirit**). The Lord is near [He is coming soon]. — *Philippians 4:5 (AMP)*

30) God **loves** you and has **chosen** you as his own **special people.** So be **gentle, kind, humble, meek,** and **patient.** — *Colossians 3:12 (CEV)*

31) See that no one pays back **wrong** for **wrong,** but at all times make it your aim to do **good** to one another and **to all people.** — *1 Thessalonians 5:15 (GNB)*

32) As the Lord's servant, you must not **quarrel.** You must be **kind** towards all, a **good** and **patient** teacher. — *2 Timothy 2:24 (GNB)*

33) Respect everyone and **show special love** for God's people. **Honour God** and **respect** the **Emperor.**
— *1 Peter 2:17(CEV)*

34) Be beautiful in your **heart** by being **gentle** and **quiet.** This kind of beauty will **last,** and God considers it very **special.** — *1 Peter 3:4(CEV)*

35) In the same way you married men should **live considerately** with **[your wives],** with an intelligent recognition [of the **marriage relation], honoring the woman** as [physically] the weaker, but [realizing that you] are **joint heirs** of the grace (God's unmerited favor) of life, in order that **your prayers** may not be **hindered** and **cut off.** [Otherwise you cannot pray effectively.] — *1 Peter 3:7 (AMP)*

36) Give a **kind** and **respectful answer** and keep your conscience **clear.** This way you will make people **ashamed** for saying **bad things** about your **good conduct** as a follower of **Christ.** — *1 Peter 3:16 (CEV)*

Chapter 18
Patience

Read On: Jan 18th | Mar 14th | May 9th | July 4th | Aug 29th | Oct 24th | Dec 19th

1) **Inspite** of **everything** that had happened, **Job** did not **sin** by **blaming God.** — *Job 1:22 (GNB)*

2) **Trust** the **LORD**! Be **brave** and **strong** and **trust** the **LORD.** — *Psalm 27:14 (CEV)*

3) Be **patient** and **trust** the **LORD**. Don't let it **bother you** when all **goes well** for those who do **sinful things.** — *Psalm 37:7 (CEV)*

4) Don't give in to **worry** or **anger**; it only **leads** to **trouble.** — *Psalm 37:8 (GNB)*

5) I waited **patiently** for the **LORD'S help**; then he **listened to me** and **heard my cry.** — *Psalm 40:1 (GNB)*

6) I wait **eagerly** for the **LORD'S** help, and in his **word I trust.** — *Psalm 130:5 (GNB)*

7) It's **clever** to be **patient**, but it's stupid to **lose your temper.** — *Proverbs 14:29 (CEV)*

8) **A kind answer** soothes **angry feelings,** but **harsh words** stir them up. — *Proverbs 15:1 (CEV)*

9) **Hot tempers** cause **arguments,** but **patience** brings peace. — *Proverbs 15:18 (GNB)*

10) It is better to be patient than powerful. It is better to **win control over yourself** than over whole cities. — *Proverbs 16:32 (GNB)*

11) It's **wise** to be **patient** and show what you are like by **forgiving others.** — *Proverbs 19:11 (CEV)*

12) Don't be **selfish** and **eager** to get rich — you will **end up worse off** than you can imagine. — *Proverbs 28:22 (CEV)*

13) The end of anything is **better** than its beginning. **Patience** is better than **pride.** — *Ecclesiastes 7:8 (GNB)*

14) Only fools **get angry quickly** and **hold a grudge.** — *Ecclesiastes 7:9 (CEV)*

15) If your ruler becomes **angry** with **you,** do not **hand in** your **resignation;** serious wrongs may be **pardoned** if you **keep calm.** — *Ecclesiastes 10:4 (GNB)*

16) So it is best for us to **wait in patience** — to **wait for him** to save us. — *Lamentations 3:26 (GNB)*

17) And it is best to **learn this patience in our youth.** — *Lamentations 3:27 (GNB)*

18) For the vision is yet for an **appointed time** and it hastens to the end [fulfillment]; it will not deceive or disappoint. Though it **tarry, wait [earnestly] for it,** because it will **surely come;** it will not be behindhand on its appointed day. — *Habakkuk 2:3 (AMP)*

19) Those seeds that fell on **good ground** are the people who **listen** to the **message** and **keep it** in **good** and **honest hearts.** They **last** and **produce a harvest.** — *Luke 8:15 (CEV)*

20) But if we **hope** for what is still **unseen** by us, we wait for it with **patience** and **composure.** — *Romans 8:25 (AMP)*

21) Let your **hope** make you **glad.** Be **patient** in time of **trouble** and **never stop praying.** — *Romans 12:12 (CEV)*

22) Everything **written in the scriptures** was written to **teach us,** in order that **we might have hope** through the **patience** and **encouragement which the Scriptures give us.** — *Romans 15:4 (GNB)*

23) And may God, the **source of patience** and **encouragement** enable you to have the same **point of view** among yourselves by **following** the **example of Christ Jesus.** — *Romans 15:5 (GNB)*

24) Love is **kind** and **patient,** never **jealous, boastful, proud,** or [5]**rude.** Love isn't **selfish** or **quick tempered.** It doesn't **keep a record** of **wrongs** that others do. — *1 Corinthians 13:4–5 (CEV)*

25) But the fruit of the [Holy] Spirit [the work which **His presence within accomplishes**] is love, joy (gladness), peace, patience (an **even temper,** forbearance), kindness, goodness (benevolence), faithfulness, — *Galatians 5:22 (AMP)*

26) Be always **humble, gentle,** and **patient.** Show your love by being **tolerant** with **one another.** — *Ephesians 4:2 (GNB)*

27) My friends, we beg you to **warn** anyone who **isn't living right.** Encourage anyone who feels **left out,** help all who are **weak,** and be **patient** with **everyone.** — *1 Thessalonians 5:14 (CEV)*

28) We do not want you to become **lazy,** but to be like those **who believe** and are **patient,** and so **receive** what God has **promised.** — *Hebrews 6:12 (GNB)*

29) Abraham was **patient,** and so he **received** what **God** had **promised.** — *Hebrews 6:15 (GNB)*

30) For you have need of **steadfast patience** and **endurance,** so that you may perform and **fully accomplish** the **will** of **God,** and thus receive and carry away [and enjoy to the full] **what is promised.** — *Hebrews 10:36 (AMP)*

31) So keep your mind on **Jesus,** who put up with many insults from sinners. Then you won't get **discouraged and give up.** — *Hebrews 12:3 (CEV)*

32) You know that **you learn** to endure by having your faith **tested.** — *James 1:3 (CEV)*

33) But you must **learn to endure everything,** so that you will be **completely mature** and **not lacking** in **anything.** — *James 1:4 (CEV)*

34) Remember this, my dear brothers and sisters! Everyone must be **quick** to **listen,** but **slow** to **speak** and **slow** to **become angry.** — *James 1:19 (GNB)*

35) Be patient, then, my brothers and sisters, until the Lord comes. See how patient a farmer is as he waits for his land to produce precious crops. He waits patiently for the autumn and spring rains. — *James 5:7 (GNB)*

36) Be patient like those farmers and don't give up. The Lord will soon be here! — *James 5:8 (CEV)*

37) Do not complain against one another, my brothers and sisters, so that God will not judge you. The Judge is near, ready to appear. — *James 5:9 (GNB)*

38) You don't gain anything by being punished for some wrong you have done. But God will bless you, if you have to suffer for doing something good. — *1 Peter 2:20 (CEV)*

39) God's people must learn to endure. They must also obey his commands and have faith in Jesus. — *Revelation 14:12 (CEV)*

Chapter 19
Backsliding

Read On: Jan 19th | Mar 15th | May 10th | July 5th | Aug 30th | Oct 25th | Dec 20th

1) Please help me **learn to do the right thing,** and I will be **honest** and **fair** in my own kingdom.
— *Psalm 101:2 (CEV)*

2) I **refuse** to be **corrupt** or to take part in anything **crooked,** ⁴and I won't be **dishonest** or **deceitful.**
— *Psalm 101:3–4 (CEV)*

3) You are all I want, O LORD; I **promise** to **obey your laws.** ⁵⁸I ask you with all my heart to have **mercy** on **me,** as you have promised! ⁵⁹I have **considered my conduct,** and I **promise** to follow **your instructions.** — *Psalm 119:57–59 (GNB)*

4) Before you **punished** me, I used to go wrong, but now I **obey** your **word.** ⁶⁸How good you are – how **kind! Teach** me your **commands.**
— *Psalm 119:67–68 (GNB)*

5) My **punishment** was good for me, because it made me **learn** your **commands.** ⁷²The law that you gave means **more to me** than all the money **in the world.**
— *Psalm 119:71–72 (GNB)*

6) The **backslider** in heart [from **God** and **from fearing God**] shall be filled with [the **fruit of**] **his own ways,** and a **good man** shall be satisfied with [the fruit of] **his ways** [with the holy thoughts and actions which his heart prompts and in which he delights]. — *Proverbs 14:14 (AMP)*

7) Your own **evil will punish you,** and your **turning** from **me** will **condemn** you. You will learn how **bitter** and **wrong** it is to **abandon me,** the LORD your God, and **no longer** to remain **faithful** to me. I, the Sovereign LORD Almighty, have spoken."
— *Jeremiah 2:19 (GNB)*

81

8) A noise is heard on the hilltops: it is the people of Israel crying and pleading, because **they have lived sinful lives** and have **forgotten** the LORD their **God.** ²²Return, all of you who have **turned away** from the LORD; he will **heal** you and **make you faithful.** You say, "Yes, we are coming to the LORD, because he is our God. — *Jeremiah 3:21–22 (GNB)*

9) Moreover, you [Jeremiah] shall say to them, Thus says the Lord: **Shall men fall and not rise up again?** Shall one **turn away** [from God] and not **repent** and **return [to Him]?**
— *Jeremiah 8:4 (AMP)*

8) A noise is heard on the hilltops: it is the people of Israel crying and pleading, because **they have lived sinful lives** and have **forgotten** the LORD their **God.** ²²Return, all of you who have **turned away** from the LORD; he will **heal** you and **make you faithful.** You say, "Yes, we are coming to the LORD, because he is our God. — *Jeremiah 3:21–22 (GNB)*

10) Why then **is this people** of Jerusalem **turned away** with a perpetual turning away **[from Me]?** They hold fast to **deceit** (idolatry) ; they **refuse** to **repent** and **return [to God].** ⁶I have listened and heard, but they have not spoken aright; **no man repents** of his **wickedness,** saying, What have I done? Everyone turns to his [individual] course, as the horse rushes like a torrent into battle.
— *Jeremiah 8:5–6 (AMP)*

11) The LORD says about these people, "They **love to run away from me,** and they will not **control themselves.** So **I am not pleased with them.** I will remember the **wrongs** they have **done** and **punish** them because of their sins." — *Jeremiah 14:10 (GNB)*

12) My people, you **abandoned me** and **walked away. I am tired of showing mercy;** that's why I'll destroy you.
— *Jeremiah 15:6 (CEV)*

13) They shall not **defile themselves** any more with their **idols** and their **detestable** things or with any of their **transgressions,** but I will save them out of all their dwelling places and from all their **backslidings** in which they have **sinned,** and I will **cleanse** them. So shall they be **My people,** and **I will be their God.**
— *Ezekiel 37:23 (AMP)*

14) **Love** the **Lord your God** with all your **heart,** with all your **soul,** with all your **mind,** and with all your s**trength.'**
— *Mark 12:30 (GNB)*

15) Our great desire is that each of you **keep up** your **eagerness** to the end, so that the things **you hope for** will **come true.** ¹²We do not want you to become lazy, but to be like those who **believe** and are **patient,** and so receive **what God has promised.** — *Hebrews 6:11–12 (GNB)*

16) So let's come near God with **pure hearts** and a confidence that comes from having **faith.** Let's keep our hearts **pure,** our consciences **free from evil,** and our bodies washed with **clean water.** ²³We must **hold tightly** to the **hope** that we say is ours. After all, we can **trust** the one who made the **agreement** with **us.** — *Hebrews 10:22–23 (CEV)*

17) And let us consider and give **attentive, continuous care** to watching over **one another,** studying how we may stir up (stimulate and incite) to **love** and **helpful deeds** and **noble activities,** ²⁵Not **forsaking** or **neglecting to assemble together** [as believers], as is the habit of some people, but admonishing (**warning, urging, and encouraging**) **one another,** and all the more faithfully as you see the day approaching. — *Hebrews 10:24–25 (AMP)*

18) For there is no longer any sacrifice that will **take away sins** if we **purposely** go on **sinning** after the truth has been made known to us. ²⁷Instead, all that is left is to **wait in fear** for the coming **Judgment** and the fierce fire which will destroy those who **oppose God!** — *Hebrews 10:26–27 (GNB)*

83

19) What, then, of those who **despise the Son of God?** who treat as a cheap thing the blood of God's covenant which **purified** them from **sin?"** who insult the **Spirit of grace?** Just think how much worse is the punishment they will **deserve!**
— *Hebrews 10:29 (GNB)*

20) For you have need of steadfast **patience** and **endurance,** so that you may **perform** and **fully accomplish** the **will of God,** and thus **receive** and **carry away** [and **enjoy to the full]** what is **promised.**
— *Hebrews 10:36 (AMP)*

21) But the just **shall live by faith** [My righteous servant shall live by his **conviction** respecting man's relationship to **God** and divine things, and holy fervor born of faith and conjoined with it]; and if he draws back and shrinks in fear, **My soul** has no **delight** or **pleasure in him.** — *Hebrews 10:38 (AMP)*

22) Such a large crowd of witnesses is all around us! So we must **get rid of everything** that **slows us down,** especially the sin that just won't let go. And we must be **determined** to run the race that is **ahead of us.** — *Hebrews 12:1 (CEV)*

23) We must **keep our eyes on Jesus,** who **leads us** and makes our **faith complete.** He endured the shame of being nailed to a cross, because he knew that later on he would be glad he did. Now he is seated at the right side of God's throne! — *Hebrews 12:2 (CEV)*

24) So **keep your mind on Jesus,** who put up with many insults from sinners. Then you won't get **discouraged** and **give up.** — *Hebrews 12:3 (CEV)*

25) Have you forgotten the **encouraging words** which God speaks to you as **his sons and daughters?** "My child, **pay attention** when the **Lord corrects you,** and do not be **discouraged** when he rebukes you. ⁶Because the Lord **corrects everyone he loves,** and punishes **everyone he accepts as his child."**
— *Hebrews 12:5–6 (GNB)*

26) You must **submit to** and **endure [correction]** for **discipline;** God is dealing with you as with sons. For what son is there whom his father does not [thus] **train** and **correct** and **discipline?** — *Hebrews 12:7 (AMP)*

27) Our earthly fathers **correct us,** and we still **respect** them. Isn't it even better to be given true life by letting our spiritual Father **correct us?** ¹⁰Our human fathers correct us for a short time, and they do it as they think best. But **God corrects us for our own good,** because he wants us to be **holy, as he is.** — *Hebrews 12:9-10 (CEV)*

28) It is never fun to be **corrected.** In fact, at the time it is always **painful.** But if we learn to **obey** by being **corrected,** we will do **right** and live at **peace.** — *Hebrews 12:11 (CEV)*

29) If any of you is deficient in **wisdom,** let him **ask** of the **giving God** [Who gives] to everyone liberally and ungrudgingly, **without** reproaching or **faultfinding,** and it will be **given him.** — *James 1:5 (AMP)*

30) Only it must be in **faith** that he asks with no **wavering** (no **hesitating,** no **doubting**). For the one who wavers (hesitates, doubts) is like the billowing surge out at sea that is blown hither and thither and tossed by the wind. — *James 1:6 (AMP)*

31) People like that, **unable** to **make up their minds** and **undecided** in **all they do,** must not think that they will **receive anything from the Lord.** — *James 1:7–8 (GNB)*

32) My children, I am writing this so that **you won't sin.** But if you do sin, **Jesus Christ** always does the right thing, and he will speak **to the Father for us.** — *1 John 2:1 (CEV)*

33) **Christ** is the sacrifice that **takes away our sins** and the **sins** of **all the world's people.** — *1 John 2:2 (CEV)*

34) When we **obey God,** we are sure that **we know him.** — *1 John 2:3 (CEV)*

35) Whoever says, I know Him [I **perceive, recognize, understand,** and am **acquainted** with **Him**] but **fails to keep** and obey **His commandments (teachings)** is a **liar,** and the **Truth** [of the Gospel] is not in him. ⁵But he who **keeps (treasures) His Word** [who **bears in mind** His precepts, who **observes His message** in its entirety], truly in him has the **love of** and **for God** been **perfected (completed, reached maturity)**. By this we may perceive **(know, recognize,** and **be sure)** that we are **in Him:** ⁶Whoever says he abides in Him **ought** [as a personal debt] to **walk** and **conduct himself** in the same way in which **He walked** and **conducted** Himself. — *1 John 2:4–6 (AMP)*

36) Children, don't be fooled. Anyone who **does right** is **good,** just like **Christ** himself. — *1 John 3:7 (CEV)*

37) **God's children** cannot keep on being **sinful.** His life—giving power **lives in them** and makes them his children, so that they **cannot keep on sinning.** ¹⁰You can tell God's children from the devil's children, because those who belong to the devil **refuse** to do **right** or to love each other. — *1 John 3:9–10 (CEV)*

38) But you, my friends, keep on building yourselves up on **your most sacred faith.** Pray in the power of the **Holy Spirit.** — *Jude 1:20 (GNB)*

39) **Guard** and **keep yourselves** in the **love of God; expect** and **patiently** wait for the mercy of our Lord **Jesus Christ** (the Messiah) – [which will bring you] unto life eternal. — *Jude 1:21 (AMP)*

40) **Be helpful** to all who may have **doubts.** ²³Rescue any who need to be saved, as you would rescue someone from a fire. Then with fear in your own **hearts,** have **mercy** on **everyone** who **needs** it. But hate even the clothes of those who have been made dirty by their **filthy deeds.** — *Jude 1:22–23(CEV)*

41) **Offer praise to God** our Saviour because of our **Lord Jesus Christ!** Only **God** can keep you from **falling** and make you **pure** and **joyful** in his glorious presence. Before time began and now and forevermore, **God** is **worthy** of **glory, honour, power,** and **authority.** Amen. — *Jude 1:24–25 (CEV)*

Chapter 20
Obeying God's Commands

Read On: Jan 20th | Mar 16th | May 11th | July 6th | Aug 31st | Oct 26th | Dec 21st

1) **Obey** all the **LORD'S laws** and **commands,** so that you may **live in safety** in the land.
— *Leviticus 25:18 (GNB)*

2) That's why the LORD our God **demands** that we **obey** his laws and **worship** him with **fear** and **trembling.** And if we do, he will **protect** us and **help** us be **successful.**
— *Deuteronomy 6: 24–25 (CEV)*

3) "So then, **obey** the **commands** that I have given you today; **love** the LORD your **God** and **serve him** with **all** your **heart.**
— *Deuteronomy 11:13 (GNB)*

4) If you **obey** these laws, you will be doing what the LORD your God says is **right** and **good.** Then he will **help you** and your descendants be **successful.**
— *Deuteronomy 12:28 (CEV)*

5) You shall **walk** after the **Lord your God** and [reverently] **fear Him,** and keep His **commandments** and **obey** His **voice,** and you shall **serve** Him and **cling** to Him.
— *Deuteronomy 13:4 (AMP)*

6) If you **obey** the LORD your **God** and **faithfully** keep all his **commands** that I am giving you today, he will make you **greater** than any other nation on **earth.**
— *Deuteronomy 28:1 (GNB)*

7) he said, "Always remember this song I have taught you today. And let it be a warning that you must **teach** your **children** to **obey** everything written in The Book of God's Law.
— *Deuteronomy 32:46 (CEV)*

Scripture Therapy Daily Devotional For Success

8) Just be **determined,** be **confident;** and make sure that you **obey** the whole Law that my servant Moses gave you. Do not **neglect** any part of it and you will succeed wherever you go. ⁸Be sure that the book of the Law is always read in your **worship**. Study it day and night, and make sure that you **obey** everything written in it. Then you will be **prosperous** and **successful.** — *Joshua 1:7–8 (GNB)*

9) Moses taught you to **love** the LORD your **God,** to be **faithful** to him, and to **worship** and **obey** him with your whole **heart** and with all your **strength.** So be very **careful** to do **everything** Moses commanded. — *Joshua 22:5 (CEV)*

10) Samuel said, "Which does the LORD prefer: **obedience** or **offerings** and sacrifices? It is better to **obey** him than to **sacrifice** the best sheep to him. — *I Samuel 15:22 (GNB)*

11) You, LORD, are my **choice,** and I will **obey** you. — *Psalm 119:57 (CEV)*

12) Do what your father **tells** you, my son, and never forget what your **mother taught** you. — *Proverbs 6:20 (GNB)*

13) Stupid people always **think** they are **right.** Wise people **listen** to **advice.** — *Proverbs 12:15 (GNB)*

14) All who **refuse correction** will be **poor** and **disgraced;** all who **accept correction** will be **praised.** — *Proverbs 13:18 (CEV)*

15) Keep God's **laws** and you will live **longer;** if you **ignore** them, you will die. — *Proverbs 19:16 (GNB)*

16) If you are **willing** and **obedient,** you shall eat the **good** of the land. — *Isaiah 1:19 (AMP)*

17) Instead, I told them, "If you **listen** to me and **do** what I **tell** you, I will be **your God,** you will be **my** people, and all will go **well** for you." — *Jeremiah 7:23 (CEV)*

18) Anyone who **comes** to me and **listens** to my **words** and **obeys** them — I will show you what he is like. *— Luke 6:47 (GNB)*

19) Jesus said to his disciples: If you **love me,** you will do as I **command.**
— John 14:15 (CEV)

20) Whoever does not **love** me does not **obey** my **teaching.** And the teaching you have heard is not mine, but comes from the **Father,** who **sent** me. *— John 14:24 (GNB)*

21) If you **obey** my commands, you will remain **in my love,** just as I have obeyed my Father's commands and remain **in his love.**
— John 15:10 (GNB)

22) This, then, is what **I command** you: **love** one **another.**
— John 15:17 (GNB)

23) God accepts those who **obey** his Law, but not those who simply **hear** it. *— Romans 2:13 (CEV)*

24) Obey the **rulers** who have **authority** over you. Only **God** can give **authority** to anyone, and he puts these **rulers** in their **places** of **power.** *— Romans 13:1 (CEV)*

25) I am glad that everyone knows **how well** you **obey** the Lord. But still, I want you to understand what is **good** and not have anything to do with **evil.** *— Romans 16:19 (CEV)*

26) Wives, be subject (be **submissive** and adapt yourselves) to your own **husbands** as [a service] to the Lord. *— Ephesians 5:22 (AMP)*

27) As the church is **subject to Christ,** so let wives also be **subject** in **everything** to their husbands. *— Ephesians 5:24 (AMP)*

28) Children, **obey your parents** in the Lord [as **His** representatives], for this is **just** and **right.**
— Ephesians 6:1 (AMP)

29) "**Respect** your **father** and **mother**" is the first commandment that has a promise added: *— Ephesians 6:2 (GNB)*

30) and you will have a **long** and **happy** life." — *Ephesians 6:3 (CEV)*

31) Church officials must be in **control** of their own **families,** and they must **see** that their **children** are **obedient** and always **respectful.** — *1 Timothy 3:4 (CEV)*

32) an **elder** must be **blameless;** he must have only **one wife,** and his children must be **believers** and not have the reputation of being **wild** or **disobedient.** — *Titus 1:6 (GNB)*

33) Remind your people to **submit** to **rulers** and **authorities,** to **obey** them, and to be ready to do **good** in **every** way. — *Titus 3:1 (GNB)*

34) Obey your **leaders** and **follow** their **orders.** They watch over your **souls** without resting, since they must give **God** an **account** of their **service.** If you obey them, they will do their work gladly; if not, they will do it with sadness, and that would be of **no help** to you. — *Hebrews 13:17 (GNB)*

35) If you don't do what you **know** is **right,** you have **sinned.** — *James 4:17 (CEV)*

36) Behave like **obedient children.** Don't let your lives be **controlled** by your **desires,** as they used to be. — *1 Peter 1:14 (CEV)*

37) Whoever says, I know Him [I perceive, recognize, understand, and am acquainted with Him] but **fails** to **keep** and **obey** His **commandments** (**teachings**) is a **liar,** and the **Truth** [of the **Gospel**] is not in him. — *1 John 2:4 (AMP)*

38) We truly love God **only when** we **obey** him as we should, and then we **know** that we belong to him. — *1 John 2:5 (CEV)*

39) Love means that we do what God **tells us.** And from the beginning, he told you to **love** him. — *2 John 1:6 (CEV)*

Chapter 21
Quitting Unlawful Behaviour

Read On: Jan 21st | Mar 17th | May 12th | July 7th | Sept 1st | Oct 27th | Dec 22nd

1) **Trust** in the LORD with all your **heart**. Never rely on **what you think you know.** — *Proverbs 3:5 (GNB)*

2) Always let him **lead you,** and he will **clear the road** for you to **follow.** — *Proverbs 3:6 (CEV)*

3) The LORD will **keep** you **safe.** He will not let you **fall** into a **trap.** — *Proverbs 3:26 (GNB)*

4) The LORD **doesn't like** anyone who is **dishonest,** but he lets **good people** be his **friends.** — *Proverbs 3:32 (CEV)*

5) He places a **curse** on the **home** of everyone who is **evil,** but he **blesses** the **home** of every **good person.** — *Proverbs 3:33 (CEV)*

6) The LORD sneers at those who **sneer** at **him,** but he is **kind** to everyone who is **humble.** — *Proverbs 3:34 (CEV)*

7) The **road** the **righteous** travel is like the sunrise, getting **brighter** and **brighter** until daylight **has come.** — *Proverbs 4:18 (GNB)*

8) The **sins** of the **wicked** are a **trap.** They get **caught** in the net of their own **sin.** — *Proverbs 5:22 (GNB)*

9) If you **respect** the LORD, you will hate evil. I **hate pride** and **conceit** and **deceitful** lies. — *Proverbs 8:13 (CEV)*

10) If you **obey** the LORD, you **won't go hungry;** if you are **wicked,** God won't let you have **what you want.** — *Proverbs 10:3 (CEV)*

11) If you live **right,** the **reward** is a **good** life; if you are **evil,** all you have is **sin.** — *Proverbs 10:16 (CEV)*

12) An evil person will get what he **fears** most. But a **good person** will **receive** what he **wants** most. — *Proverbs 10:24 ICB*

14) The [uncompromisingly] **righteous** is delivered **out of trouble**, and the wicked gets into it **instead.** — *Proverbs 11:8 (AMP)*

16) Righteousness is the **road to life;** wickedness is the road to **death.** — *Proverbs 12:28 (GNB)*

19) The **LORD destroys** the homes of those who are **proud,** but he **protects** the **property** of widows. — *Proverbs 15:25 (CEV)*

22) Silver and gold are **tested** by flames of fire; our **thoughts** are **tested** by the LORD. — *Proverbs 17:3 (CEV)*

13) The [consistently] **righteous** shall **never** be **removed,** but the wicked shall not **inhabit** the earth [eventually]. — *Proverbs 10:30 (AMP)*

15) Those who are **good** are **rewarded** here on earth, so you can be sure that **wicked** and **sinful people** will be **punished.** — *Proverbs 11:31 (GNB)*

17) In times of trouble the **wicked** are **destroyed,** but even at death the **innocent** have **faith.** — *Proverbs 14:32 (CEV)*

18) Doing **right** brings **honour** to a nation, but **sin** brings **disgrace.** — *Proverbs 14:34 (CEV)*

20) The LORD hates **evil thoughts,** but **kind words please** him. — *Proverbs 15:26 (CEV)*

21) Showing **respect** to the LORD will make you **wise,** and being **humble** will bring **honour** to you. — *Proverbs 15:33 (CEV)*

23) What you get by **dishonesty** you may **enjoy** like the finest food, **but sooner or later** it will be like a mouthful of **sand.** — *Proverbs 20:17 (GNB)*

24) **Do not say,** I will **repay evil;** wait [expectantly] for the Lord, and He will **rescue** you.
— *Proverbs 20:22 (AMP)*

25) The LORD has **determined** our **path;** how then can anyone **understand** the **direction** his own life is **taking?** — *Proverbs 20:24 (GNB)*

26) Don't **fall** into the **trap** of making **promises** to **God** before you **think!**
— *Proverbs 20:25 (CEV)*

27) A king will **remain** in **power** as long as his **rule** is **honest, just,** and **fair.** — *Proverbs 20:28 (GNB)*

28) You may **think** that everything you do is **right,** but remember that the LORD **judges** your **motives.** — *Proverbs 21:2 (GNB)*

29) Do what is **right** and **fair;** that **pleases** the LORD more than bringing him **sacrifices.** — *Proverbs 21:3 (GNB)*

30) My children, you must **respect** the LORD and the **king,** and you must not make **friends** with anyone who **rebels against** either of them.
— *Proverbs 24:21 (CEV)*

32) Don't **boast** about **tomorrow!** Each day **brings** its own **surprises.**
— *Proverbs 27:1 (CEV)*

31) such people could be **ruined** in a moment. Do you **realize** the **disaster** that God or the **King** can cause? — *Proverbs 24:22 (GNB)*

33) If you have **no regard** for the **law,** you are on the side of the **wicked;** but if you **obey** it, you are against them. — *Proverbs 28:4 (GNB)*

34) Better to be **poor** and **honest** than **rich** and **dishonest.**
— *Proverbs 28:6 (GNB)*

Scripture Therapy Daily Devotional For Success

35) You will never **succeed** in life if you try to **hide** your **sins**. **Confess** them and **gave them up;** then God will show **mercy** to you. — *Proverbs 28:13 (GNB)*

36) Be **honest** and you will be **safe**. If you are **dishonest,** you will suddenly **fall**. — *Proverbs 28:18 (GNB)*

38) If you have been foolish enough to be arrogant and plan evil, stop and think! — *Proverbs 30:32 (GNB)*

37) It is **dangerous** to be **concerned** with what others **think of you,** but if you trust the LORD, you are safe. — *Proverbs 29:25 (GNB)*

SECTION 2

SCRIPTURE THERAPY™
to Help Overcome
EMOTIONAL AND HEALTH ISSUES

TOPICS

Chapter 22: *Depression*
Chapter 23: *Sadness*
Chapter 24: *Peace of Mind*
Chapter 25: *Guilt*
Chapter 26: *Discouragement*
Chapter 27: *Health*
Chapter 28: *Long Life*

Chapter 22
Depression

Read On: Jan 22nd | Mar 18th | May 13th | July 8th | Sept 2nd | Oct 28th | Dec 23rd

1) The LORD himself will lead you and be with you. He will not fail you or abandon you, so do not lose courage or be afraid." — *Deuteronomy 31:8 (GNB)*

2) Remember that I have commanded you to be determined and confident! Don't be afraid or discouraged, for I, the LORD your God, am with you wherever you go." — *Joshua 1:9 (GNB)*

4) and Joshua continued, "Don't ever be afraid or discouraged. Be brave and strong. This is what the LORD will do to all your enemies." — *Joshua 10:25 (CEV)*

3) The LORD said to Joshua, "Take all the soldiers with you and go on up to Ai. Don't be afraid or discouraged. I will give you victory over the king of Ai; his people, city, and land will be yours. — *Joshua 8:1 (GNB)*

5) If you obey all the laws which the LORD gave to Moses for Israel, you will be successful. Be determined and confident, and don't let anything make you afraid. — *I Chronicles 22:13 (GNB)*

7) So you must be brave. Don't give up! God will honour you for obeying him. — *2 Chronicles 15:7 (CEV)*

8) Then Jahaziel said: Your Majesty and everyone from Judah and Jerusalem, the LORD says that you don't need to be afraid or let this powerful army discourage you. God will fight on your side! — *2 Chronicles 20:15 (CEV)*

6) King David said to his son Solomon, "Be confident and determined. Start the work and don't let anything stop you. The LORD God, whom I serve, will be with you. He will not abandon you, but will stay with you until you finish the work to be done on his Temple. — *I Chronicles 28:20 (GNB)*

9) You shall not **need to fight** in this **battle;** take your **positions,** stand **still,** and **see** the **deliverance** of the **Lord [Who is]** with **you,** O Judah and Jerusalem. **Fear not** nor be dismayed. Tomorrow **go out** against them, for the Lord is w**ith you.** — *2 Chronicles 20:17 (AMP)*

10) Be **strong** and **courageous.** Be not **afraid** or **dismayed** before the king of Assyria and all the horde **that is with him,** for there is Another **with us greater** than [all those] **with him.** ⁸With him is an **arm of flesh,** but with us is the **Lord** our **God to help us** and to **fight** our **battles.** And the people relied on the **words** of Hezekiah king of Judah. — *2 Chronicles 32:7–8 (AMP)*

11) I will **bless** the **Lord** at **all** times; His **praise** shall **continually** be in my **mouth.** ²My life makes its **boast** in the Lord; let the humble and afflicted hear and be **glad.** ³O **magnify** the Lord with **me,** and let us **exalt** His name **together.** — *Psalm 34:1–3 (AMP)*

12) I asked the LORD for **help,** and he **saved** me from all my **fears.** — *Psalm 34:4 (CEV)*

13) The **helpless** call to **him,** and he **answers;** he **saves** them from all their **troubles.** — *Psalm 34:6 (GNB)*

14) O **taste and see** that the Lord [our God] **is good!** Blessed (happy, fortunate, to be **envied)** is the man who **trusts** and takes **refuge in Him.** — *Psalm 34:8 (AMP)*

15) The LORD watches over the **righteous** and **listens** to their **cries.** — *Psalm 34:15 (GNB)*

16) The **righteous call** to the LORD, and he **listens;** he **rescues** them from all their **troubles.** — *Psalm 34:17 (GNB)*

17) The LORD is **near** to those who are **discouraged;** he **saves** those who have lost all **hope.** — *Psalm 34:18 (GNB)*

18) Many **evils** confront the [consistently] righteous, but the Lord delivers him out of them all. — *Psalm 34:19 (AMP)*

19) Why am I so sad? Why am I so troubled? I will put my **hope** in **God,** and once again I will **praise him,** my **saviour** and **my God.**
— *Psalm 42:5 (GNB)*

20) Why am I **discouraged?** Why am I **restless?** I **trust** you! And I will **praise** you again because you **help** me, and you are **my God.** — *Psalm 43:5 (CEV)*

21) I love you, **LORD!** You answered my **prayers.** ²You paid **attention** to me, and so I will **pray** to you as long as I live. — *Psalm 116:1–2 (CEV)*

22) Then I **called** to the LORD, **"I beg you, LORD, save me!**
— *Psalm 116:4 (GNB)*

23) I kept on **believing,** even when I said, "I am **completely** crushed,"
— *Psalm 116:10 (GNB)*

24) I am **overcome** by **sorrow; strengthen** me, as you have **promised.**
— *Psalm 119:28 (GNB)*

25) Answer me now, LORD! I have lost all **hope.** Don't **hide** yourself from me, or I will be among those who go down to the world of the dead. ⁸**Remind me each morning** of your **constant love,** for I put my trust in you. My **prayers** go up to you; **show me the way I should go.** — *Psalm 143:7–8 (GNB)*

26) I go to you for **protection,** LORD; **rescue me** from my enemies. ¹⁰You are **my God; teach me** to do your will. Be **good** to **me,** and **guide** me on a **safe** path.
— *Psalm 143:9–10 (GNB)*

27) Rescue me, LORD, as you have **promised;** in your **goodness** save me from my **troubles!**
— *Psalm 143:11 (GNB)*

28) Worry can rob you of **happiness,** but **kind words** will cheer you up.
— *Proverbs 12:25 (GNB)*

29) Tell everyone who is **discouraged,** "Be **strong** and **don't be afraid!** God is coming to your **rescue,** coming to **punish** your **enemies.**"
— *Isaiah 35:4 (GNB)*

Scripture Therapy Daily Devotional For Success

30) When people **sin,** you should **forgive** and **comfort** them, so they won't **give up** in despair. You should make them sure of your **love** for them. — *2 Corinthians 2:7—8 (CEV)*

31) **Don't** get **tired** of **helping others.** You will be rewarded when the time is right, if you **don't give up.** ¹⁰We should **help people** whenever we can, especially if they are **followers of the Lord.**
— *Galatians 6:9—10 (CEV)*

32) My fellow—believers, be **careful** that no one among you has a heart so **evil** and **unbelieving** as to turn **away from** the **living God.** — *Hebrews 3:12 (GNB)*

33) You must **encourage** one another **each day.** And you must **keep on** while there is still a time that can be called "today." If you don't, then **sin** may **fool** some of you and make you **stubborn.**
— *Hebrews 3:13 (CEV)*

34) We were sure about Christ when we first became his people. So let's **hold tightly** to our **faith** until the **end.** — *Hebrews 3:14(CEV)*

35) We must keep our **eyes** on **Jesus,** who **leads** us and makes our **faith** complete. He endured the shame of being nailed to a cross, **because he knew** that later on **he would be glad** he did. Now he is seated at the **right side** of **God's** throne! — *Hebrews 12:2 (CEV)*

36) So **keep** your **mind** on **Jesus,** who put up with **many insults** from sinners. Then you won't get **discouraged** and **give up.**
— *Hebrews 12:3 (CEV)*

37) But you have forgotten that the **Scriptures say** to God's children, "When the Lord punishes you, **don't make light of it,** and when he corrects you, **don't be discouraged.** — *Hebrews 12:5(CEV)*

38) The **Lord corrects** the people **he loves** and **disciplines** those he calls **his own.**" ⁷Be **patient** when you are being **corrected!** This is how God **treats** his children. Don't all parents **correct** their children? ⁸God **corrects** all of his **children,** and if he doesn't correct you, then you don't really **belong** to him. — *Hebrews 12:6–8 (CEV)*

101

Chapter 23
Sadness

Read On: Jan 23rd | Mar 19th | May 14th | July 9th | Sept 3rd | Oct 29th | Dec 24th

1) My eyes are ever toward the Lord, for He will **pluck my feet out of the net.** — *Psalm 25:15 (AMP)*

2) [Lord] turn to me and be **gracious to me,** for I am **lonely** and **afflicted.** ⁱ⁷The **troubles** of my **heart** are multiplied; bring me **out of my distresses.** — *Psalm 25:16—17 (AMP)*

3) Consider my enemies, for they abound; they **hate** me with **cruel hatred.** — *Psalm 25:19 (AMP)*

4) Hear me, LORD, when I **call** to you! Be **merciful** and **answer me!** — *Psalm 27:7 (GNB)*

5) Teach me, LORD, what you **want me to do,** and **lead** me along a **safe** path, because I have many **enemies.** — *Psalm 27:11 (GNB)*

6) Trust the LORD! Be **brave** and **strong** and **trust** the LORD. — *Psalm 27:14 (CEV)*

7) You are my **refuge** and **defence, guide** me and **lead** me as you have **promised.** ⁴Keep me **safe** from the **trap** that has been **set for me;** shelter me **from danger.** ⁵I place myself **in your care.** You will **save** me, LORD; you are a **faithful God.** — *Psalm 31:3–5 (GNB)*

8) Smile on me, your servant. Have **pity** and **rescue** me. — *Psalm 31:16 (CEV)*

9) Let me not be **put to shame,** O Lord, or **disappointed,** for I am **calling upon You;** let the wicked be **put to shame,** let them be **silent** in Sheol (the place of the dead). — *Psalm 31:17 (AMP)*

10) Oppose those who **oppose** me, LORD, and **fight** those who **fight against me!** — *Psalm 35:1 (GNB)*

11) But all you do is watch! **When will you do something?** Save me **from the attack** of those vicious lions. ¹⁸And when your people meet, I will **praise** you and **thank you**, Lord, in **front** of them **all**.
— *Psalm 35:17–18 (CEV)*

12) Don't let my **brutal enemies** be glad because of me. They **hate me** for no **reason**. Don't let them **wink behind my back.**
— *Psalm 35:19 (CEV)*

13) You see everything, **LORD**! Please don't **keep silent** or stay **so far** away. ²³**Fight to defend** me, Lord God, ²⁴and prove that I am **right** by your **standards**. Don't let them **laugh at me.** — *Psalm 35:22–24 (CEV)*

14) Don't let them say to themselves, **"We are rid of him!** That's just what we wanted!" ²⁶May those who gloat **over my suffering be completely defeated and confused**; may those who claim to **be** better than I am **be covered** with **shame** and **disgrace**.
— *Psalm 35:25—26 (GNB)*

15) Let all who **want me to win** be **happy** and **joyful**. From now on let them say, **"The LORD is wonderful!** God is glad when all **goes well** for his **servant."** — *Psalm 35:27–28 (CEV)*

16) And now, Lord, what do I wait for and expect? **My hope and expectation** are in **You.** ⁸**Deliver me** from all my **transgressions**; make me not the **scorn** and **reproach** of the [self—confident] fool!
— *Psalm 39:7–8 (AMP)*

17) "Listen, LORD, to my prayer! My eyes are flooded with tears, as I pray** to you. I am merely a stranger visiting your **home** as my ancestors did. — *Psalm 39:12 (CEV)*

18) LORD, I know you will **never stop** being **merciful to me.** Your love and loyalty will always **keep me safe.** — *Psalm 40:11 (GNB)*

19) I am **surrounded** by **many troubles**—too many to count! My sins have caught up with me, and I can no longer see; they are more than the hairs of my head, and **I have lost my courage.** ¹³**Save me, LORD ! Help me now!** — *Psalm 40:12–13 (GNB)*

20) Restore to me **the joy of Your salvation** and **uphold me** with a willing spirit. ¹³Then will I **teach** transgressors **Your ways,** and **sinners shall be converted and return** to You. — *Psalm 51:12–13 (AMP)*

21) As for me, **I will call upon God,** and the Lord **will save me.** ¹⁷Evening and morning and at noon will I utter my complaint and moan and sigh, and **He will hear my voice.** ¹⁸He has **redeemed** my life in peace from the battle that was against me [so that none came near me], for they were **many who strove** with me. — *Psalm 55:16–18 (AMP)*

22) I **pray** to you, my **protector.** ³You will **send help** from heaven and **save me,** but you will bring trouble on my **attackers.** You are **faithful** and **you can be trusted.**
— *Psalm 57:2–3 (CEV)*

23) **Answer me, LORD!** You are **kind** and **good.** Pay attention to me! You are **truly merciful.** ¹⁷Don't turn **away** from me. I am your **servant,** and **I am in trouble.** Please **hurry and help!**
— *Psalm 69:16–17 (CEV)*

24) May all who **come to you be glad** and **joyful.** May all who are **thankful** for your **salvation** always say, **"How great is God!"**
— *Psalm 70:4 (GNB)*

25) Come and **save me,** LORD God, from **vicious** and cruel and **brutal enemies!** ⁵**I depend** on you, and I have **trusted** you since I was young.
— *Psalm 71:4–5 (CEV)*

26) But I will **hope continually,** and will praise You yet more and more. ¹⁵My mouth **shall tell of Your righteous acts** and of Your **deeds of salvation** all the day, for their number is more than I know.
— *Psalm 71:14–15 (AMP)*

27) You are my God, so **be merciful to me;** I pray to you all day long. ⁴**Make your servant glad,** O Lord, because **my prayers** go up to you. ⁵You are **good to us** and **forgiving,** full of **constant love** for all who **pray** to you. — *Psalm 86:3–5 (GNB)*

28) Listen, LORD, to my **prayers;** hear **my cries for help.** ⁷I call to you **in times of trouble,** because you **answer** my prayers.
— *Psalm 86:6–7 (GNB)*

29) Teach me, LORD, what you want me to do, and I will **obey you faithfully;** teach me to **serve** you with **complete devotion.** ¹²I will **praise** you **with all my heart,** O Lord my God; I will **proclaim** your **greatness** for ever. — *Psalm 86:11–12 (GNB)*

30) But you, O Lord, are a **merciful and loving God,** always patient, always **kind** and **faithful.** ¹⁶Turn to me and have **mercy on me; strengthen** me and **save me,** because **I serve** you, just as my mother did. ¹⁷ Show me **proof** of your **goodness, LORD;** those who hate me will be **ashamed** when they **see** that you have **given me comfort** and **help.** — *Psalm 86:15–17 (GNB)*

31) Show me how much you love me, LORD, and save me according to your promise.
— *Psalm 119:41 (GNB)*

32) I will never neglect your instructions, because by them you have kept me alive.
— *Psalm 119:93 (GNB)*

33) The Lord will **perfect** that which **concerns me;** Your mercy and **loving-kindness,** O Lord, **endure forever**—forsake not the **works** of **Your own** hands.
— *Psalm 138:8 (AMP)*

34) You are my God; teach me to do your will. Be good to me, and guide me on a safe path. ¹¹Rescue me, LORD, as you have promised; in your goodness save me from my troubles!
— *Psalm 143:10–11 (GNB)*

35) God is my saviour; **I will trust him and not be afraid.** The LORD **gives me power** and **strength**; he is my saviour. ³As fresh water brings joy to the thirsty, **so God's people rejoice** when he **saves them."** — *Isaiah 12:2–3 (GNB)*

36) Sing **praises** to the **Lord**, for He has done **excellent things** [gloriously]; let this **be made known** to all the earth. ⁶**Cry aloud and shout joyfully,** you women and inhabitants of Zion, for great in your midst is the Holy One of Israel. — *Isaiah 12:5–6 (AMP)*

37) You, **LORD, will save me,** and every day that we live we will **sing in your temple** to the music of stringed instruments. — *Isaiah 38:20 (CEV)*

38) LORD, heal me and I will be **completely well; rescue me** and I will be **perfectly safe.** You are the one I **praise!** — *Jeremiah 17:14 (GNB)*

39) But **I trust the Lord God to save me,** and I will wait for him **to answer my prayer.** — *Micah 7:7 (CEV)*

40) Never stop praying, especially for others. Always **pray** by the **power of the Spirit.** Stay **alert** and **keep praying** for God's people. — *Ephesians 6:18 (CEV)*

Chapter 24
Peace of Mind

Read On: Jan 24th | Mar 20th | May 15th | July 10th | Sept 4th | Oct 30th | Dec 25th

1) "I will give you **peace** in your land, and you will sleep without being **afraid of anyone**. I will get rid of the **dangerous animals** in the land, and there will be **no more war** there.
— *Leviticus 26:6 (GNB)*

2) May the LORD be **good** to you and **give you peace**."
— *Numbers 6:26 (CEV)*

3) **Surrender** to God All-Powerful! You will find **peace** and prosperity. — *Job 22:21 (CEV)*

4) The **Lord** gives **strength** to his **people** and **blesses** them with **peace**. — *Psalm 29:11 (GNB)*

5) I **prayed** to the LORD, and he **answered** me; he **freed** me from all my **fears**. — *Psalm 34:4 (GNB)*

6) Think of the **bright future** waiting for all the **families of honest** and **innocent** and **peace-loving people**.
— *Psalm 37:37 (CEV)*

7) **Always** let him **lead** you, and he will **clear the road** for you to **follow**.
— *Proverbs 3:6 (CEV)*

8) An **evil mind** is **deceitful**, but **gentle thoughts** bring **happiness**. — *Proverbs 12:20 (CEV)*

9) **Peace of mind** makes the body healthy, but **jealousy** is like a cancer. — *Proverbs 14:30 (GNB)*

10) He sets the **time for love** and the time for **hate**, the time for **war** and **the time for peace**.
— *Ecclesiastes 3:8 (GNB)*

11) The LORD gives **perfect peace** to those whose **faith** is **firm**. — *Isaiah 26:3 (CEV)*

12) Because everyone will do **what is right**, there will be **peace** and **security** for ever. — *Isaiah 32:17 (GNB)*

13) The mountains and hills may crumble, but **my love for you will never end;** I will keep **for ever** my **promise of peace."** So says the LORD who loves you. — *Isaiah 54:10 (GNB)*

14) I will **bless** you with a **future** filled with **hope** — a **future** of **success**, not of **suffering**. — *Jeremiah 29:11 (CEV)*

15) "In my covenant I promised them **life** and **well-being,** and this is what **I gave them,** so that they might **respect** me. In those days they did **respect** and **fear** me. — *Malachi 2:5 (GNB)*

16) "**Why** are you so **frightened?**" Jesus answered. "How **little faith** you have!" Then he got up and ordered the winds and the waves to stop, and there was a **great calm.** — *Matthew 8:26 (GNB)*

17) I give you **peace,** the kind of peace that **only I can give.** It isn't like the peace that this world can give. So don't be **worried** or **afraid.** — *John 14:27 (CEV)*

18) This letter is to all of you in Rome. **God loves you** and **has chosen you** to be his **very own people.** I pray that God our Father and our Lord Jesus Christ **will be kind to you** and will **bless you with peace!** — *Romans 1:7 (CEV)*

19) But all who do right will be rewarded with **glory, honour,** and **peace,** whether they are **Jews** or **Gentiles.** — *Romans 2:10 (CEV)*

20) If our **minds** are **ruled** by our **desires,** we will die. But if our **minds** are **ruled by the Spirit,** we will have **life** and **peace.** — *Romans 8:6 (CEV)*

21) Do everything possible **on your part** to live in **peace** with **everybody.** — *Romans 12:18 (GNB)*

22) So then, we must always aim at those things **that bring peace** and that help to **strengthen one another.** — *Romans 14:19 (GNB)*

23) Because God does not want us to be in **disorder** but in **harmony** and **peace.** As in all the **churches** of **God's people.** — *I Corinthians 14:33 (GNB)*

24) Goodbye, my friends. **Do better** and **pay attention** to what **I have said.** Try to **get along** and **live peacefully** with each other. Now I pray that **God,** who gives **love** and **peace,** will **be with you.** — *2 Corinthians 13:11 (CEV)*

25) But the fruit of the [Holy] **Spirit** [the work which His **presence within accomplishes**] is **love, joy (gladness), peace, patience** (an **even temper, forbearance**), **kindness, goodness (benevolence), faithfulness.** — *Galatians 5:22 (AMP)*

26) Your **desire** to **tell** the **good news about peace** should be like shoes on your feet. — *Ephesians 6:15 (CEV)*

27) Don't **worry** about **anything,** but **pray** about **everything.** With **thankful hearts** offer up your **prayers** and **requests** to **God.** — *Philippians 4:6 (CEV)*

28) Then, because you **belong to Christ Jesus,** God will **bless** you with **peace** that no one can completely **understand.** And this peace will **control** the way you **think** and **feel.** — *Philippians 4:7 (CEV)*

29) The **peace** that **Christ** gives is to **guide** you in the **decisions** you **make;** for it is **to this peace** that **God** has called you together in the one body. And be thankful. — *Colossians 3:15 (GNB)*

30) Show them **great respect** and **love** because of their work. **Try to get along with each other.** — *1 Thessalonians 5:13 (CEV)*

31) May the **Lord himself,** who is our **source of peace,** give you **peace at all times** and in every way. The Lord **be with you all.** — *2 Thessalonians 3:16 (GNB)*

32) **Run** from **temptations** that capture young people. Always do the **right thing.** Be **faithful, loving,** and **easy to get along with.** Worship **with people** whose **hearts** are pure.

— *2 Timothy 2:22 (CEV)*

33) **Try to live at peace** with **everyone!** Live a **clean** life. If you don't, you will never **see the Lord.**

— *Hebrews 12:14 (CEV)*

34) **Surrender to God! Resist** the devil, and he will **run** from you.

— *James 4:7 (CEV)*

35) They must **turn away** from **evil** and do **good;** they must **strive** for **peace** with all their **heart.**

— *1 Peter 3:11 (GNB)*

36) May grace **(God's favor)** and **peace** (which is **perfect well-being, all necessary good, all spiritual prosperity,** and **freedom from fears** and **agitating passions** and **moral conflicts)** be multiplied to you in [the full, personal, precise, and correct] **knowledge of God** and of **Jesus** our **Lord.**

— *2 Peter 1:2 (AMP)*

Chapter 25
Guilt

Read On: Jan 25th | Mar 21st | May 16th | July 11th | Sept 5th | Oct 31st | Dec 26th

1) Keep back Your servant also from **presumptuous sins;** let them not have **dominion over me!** Then shall I be **blameless,** and I shall be **innocent** and **clear** of great **transgression.**
— *Psalm 19:13 (AMP)*

2) Our God, you **bless** everyone **whose sins you forgive** and **wipe away.** — *Psalm 32:1 (CEV)*

3) When I did not **confess** my **sins,** I was **worn out** from **crying** all day long. ⁴Day and night **you punished** me, LORD; my **strength** was completely **drained,** as moisture is dried up by the summer heat.
— *Psalm 32:3–4 (GNB)*

4) I **acknowledged** my sin to **You,** and my iniquity I did not **hide.** I said, I will **confess** my **transgressions** to the **Lord** [continually unfolding the past till all is told]—then You [instantly] **forgave me the guilt** and **iniquity** of **my sin.** Selah [pause, and calmly think of that]! — *Psalm 32:5 (AMP)*

5) Be **merciful** to me, O God, because of your **constant love.** Because of your **great mercy wipe away my sins!** ²Wash away all **my evil** and make me **clean** from my **sin!** — *Psalm 51:1–2 (GNB)*

6) You know my **foolish sins.** Not one is **hidden** from you.
— *Psalm 69:5 (CEV)*

7) He **touched** my lips with the burning coal and said, "This has touched your lips, and now **your guilt** is **gone,** and **your sins** are **forgiven.**"
— *Isaiah 6:7 (GNB)*

8) He was wounded and crushed **because of our sins;** by taking our **punishment,** he **made us completely well.** — *Isaiah 53:5 (CEV)*

9) All of us were like sheep that had **wandered off.** We had each **gone our own way,** but the Lord gave him the **punishment** we **deserved.** — *Isaiah 53:6 (CEV)*

10) Only **admit** that you are **guilty** and that you have **rebelled** against the LORD, your **God. Confess** that under every green tree you have given your love to **foreign gods** and that you have **not obeyed my commands.** I, the LORD, have spoken. — *Jeremiah 3:13 (GNB)*

11) We have **sinned** against **you, LORD;** we **confess** our **sins** and the sins of **our ancestors.** — *Jeremiah 14:20 (GNB)*

12) But if the wicked man **turns from all his sins** that he has **committed** and **keeps all My statutes** and does that which is **lawful** and **right,** he **shall** surely live; he **shall not** die. ²²None of his transgressions **which he has committed** shall be **remembered against him;** for his **righteousness** which he has executed [for his **moral and spiritual** rectitude in every area and relation], **he shall live.** — *Ezekiel 18:21–22 (AMP)*

13) This then is what I, the Sovereign LORD, am saying: **your sins are exposed.** Everyone knows how **guilty** you are. You show your **sins in your every action.** You stand **condemned,** and I will **hand you over to your enemies.** — *Ezekiel 21:24 (GNB)*

14) My friends, the **message** is that **Jesus can forgive your sins!** The Law of Moses could not set you free from all your sins. ³⁹But everyone **who has faith in Jesus is set free.** — *Acts 13:38–39 (CEV)*

15) So I am not the one doing these **evil things.** The sin **that lives in me** is what **does** them. — *Romans 7:17 (CEV)*

16) I know that **good does not live in me**—that is, in my **human nature**. For even though the **desire** to do **good** is **in me**, I am not **able** to do it.
— *Romans 7:18 (GNB)*

17) I don't **do the good I want to do**; instead, **I do the evil** that **I do not want to do.** — *Romans 7:19 (GNB)*

18) Now if I do **what I do not desire to do**, it is **no longer I doing it** [it is not **myself** that acts], but **the sin** [principle] which **dwells within me** [fixed and **operating in my soul**]. — *Romans 7:20 (AMP)*

19) So I find it to be a law (rule of action of my being) that **when I want to do what is right** and **good, evil** is **ever present with me** and I am subject to its insistent demands.
— *Romans 7:21 (AMP)*

20) There is no **condemnation** now for those **who live** in **union** with **Christ Jesus.** — *Romans 8:1 (GNB)*

21) For the **law of the Spirit,** which brings us life **in union with Christ Jesus,** has **set me free** from the law of **sin** and death.
— *Romans 8:2 (GNB)*

22) For God has done what the Law could not do, [its power] being weakened **by the flesh** [the entire nature of man without the Holy Spirit]. Sending His own Son in the guise of sinful flesh and as an **offering for sin,** [God] condemned sin in the flesh [**subdued, overcame, deprived** it of its **power** over all who accept that sacrifice]. — *Romans 8:3 (AMP)*

23) So that the righteous and just requirement of the Law might be fully met in us who live and move not in the ways of the flesh but in the ways of the Spirit [**our lives** governed not by the **standards** and **according** to the **dictates** of the flesh, but **controlled** by the **Holy Spirit**]. — *Romans 8:4 (AMP)*

24) People who are **ruled by their desires** think only of **themselves.** Everyone who is **ruled** by the **Holy Spirit** thinks about **spiritual things.** — *Romans 8:5 (CEV)*

25) If our **minds** are **ruled** by our **desires,** we will die. But if our minds **are ruled by the Spirit,** we will have **life** and **peace.**
— *Romans 8:6 (CEV)*

26) Our **desires fight against God,** because they **do not** and **cannot obey** God's laws.
— *Romans 8:7 (CEV)*

27) So then those who are living the **life of the flesh** [catering to the **appetites** and **impulses** of their **carnal nature**] cannot please or satisfy God, or be acceptable to Him. — *Romans 8:8 (AMP)*

28) But you are not living the life **of the flesh,** you are living the life of the **Spirit,** if the **[Holy] Spirit of God** [really] dwells within you **[directs and controls you].** But if anyone **does not possess** the [Holy] Spirit of Christ, he is none of His [he **does not belong to Christ,** is not truly a child of God]. — *Romans 8:9 (AMP)*

29) My dear friends, we must not **live** to **satisfy** our **desires.**
— *Romans 8:12 (CEV)*

30) If you do, you will die. But you will live, if by the help of **God's Spirit** you say **"No"** to your **desires.** — *Romans 8:13 (CEV)*

31) Only those people who are **led by God's Spirit** are his children. — *Romans 8:14 (CEV)*

32) Since we are his children, **we will possess the blessings** he keeps **for his people,** and we will also posses with **Christ** what God has **kept** for **him;** for if we share **Christ's suffering,** we will also share **his glory.**
— *Romans 8:17 (GNB)*

33) I am sure that what we are suffering now cannot compare with the **glory** that will be **shown to us.**
— *Romans 8:18 (CEV)*

34) And until the day Christ does return, **he will keep you completely innocent.** — *1 Corinthians 1:8 (CEV)*

35) I am writing this to you, my children, so that **you will not sin;** but if anyone **does sin,** we have **someone** who **pleads with the Father on our behalf – Jesus Christ,** the **righteous** one. ²And Christ himself is the **means by which** our **sins** are **forgiven,** and not our sins only, but also the sins of everyone.
— *1 John 2:1–2 (GNB)*

36) When we **obey God,** we are sure that we **know him.**
— *1 John 2:3 (CEV)*

Chapter 26
Discouragement

Read On: Jan 26th | Mar 22nd | May 17th | July 12th | Sept 6th | Nov 1st | Dec 27th

1) "You have stayed with me **all through** my **trials;** 29and just as my Father has given me the right to rule, so **I will give you the same right.** — *Luke 22:28–29 (GNB)*

2) I have told you these things, so that **in Me** you may have [**perfect**] **peace** and **confidence**. In the world you have tribulation and trials and distress and frustration; but **be of good cheer** [take **courage;** be **confident, certain, undaunted**]! For I have **overcome** the world. [I have **deprived** it of power to **harm** you and have **conquered** it for you.] — *John 16:33 (AMP)*

3) Moreover [**let us also be full of joy now!**] let us exult and **triumph** in our troubles and **rejoice** in our **sufferings**, knowing that **pressure** and **affliction** and hardship produce **patient** and unswerving **endurance**. 4And endurance (**fortitude**) develops **maturity of character** (approved faith and tried **integrity**). And **character** [of this sort] produces [the **habit of**] **joyful** and **confident hope** of eternal salvation. — *Romans 5:4 (AMP)*

4) In certain ways we are **weak**, but the **Spirit** is here **to help us.** For example, when we don't know **what to pray for**, the **Spirit prays for us** in ways that cannot be **put into words.** 27All of our **thoughts** are known to **God.** He can understand what is in the **mind** of the **Spirit**, as the **Spirit** prays for God's **people.** — *Romans 8:26–27 (CEV)*

5) We know that **God is always at work for the good** of everyone who **loves** him. They are the ones **God has chosen** for his **purpose.** — *Romans 8:28 (CEV)*

116

6) Grace (**favor** and **spiritual blessing**) be to you and [heart] **peace** from **God our Father** and the **Lord Jesus Christ.**
— *1 Corinthians 1:3 (AMP)*

7) We are **hedged** in (pressed) on **every side** [troubled and oppressed in every way], but not cramped or crushed; we suffer **embarrassments** and are perplexed and **unable to find a way out,** but not driven to **despair.** — *2 Corinthians 4:8 (AMP)*

8) We are pursued (**persecuted** and hard driven), but not **deserted** [to stand alone]; we are **struck down** to the **ground, but never struck out** and **destroyed.**
— *2 Corinthians 4:9 (AMP)*

9) And this **small** and **temporary trouble** we suffer will bring us a **tremendous** and eternal glory, **much greater** than the **trouble.** [18]For we **fix our attention,** not on things that are **seen,** but on things that are **unseen.** What can be seen lasts only for a **time,** but **what cannot be seen lasts for ever.**
— *2 Corinthians 4:17–18 (GNB)*

10) So let us not become **tired** of doing **good;** for if we do not **give up,** the time will come when we will **reap** the **harvest.** [10]So then, as often as we have the chance, we should do **good to everyone,** and especially to those who belong to our **family** in the **faith.**
— *Galatians 6:9–10 (GNB)*

11) At all times carry **faith** as a **shield;** for with it you will be able to put out all the **burning arrows** shot by the Evil One. [17]And accept **salvation** as a helmet, and the **word of God** as the **sword** which the **Spirit** gives you. — *Ephesians 6:16–17 (GNB)*

12) Do all this in **prayer,** asking for **God's help.** Pray on **every occasion,** as the **Spirit leads.** For this reason keep **alert** and **never give up; pray always** for all **God's people.**
— *Ephesians 6:18 (GNB)*

13) My deep desire and hope is that **I shall never fail in my duty,** but that at all times, and especially just now, I shall be **full of courage,** so that with my **whole being** I shall **bring honour to Christ,** whether I live or die. — *Philippians 1:20 (GNB)*

14) All I want is to **know Christ** and to **experience** the **power** of his **resurrection,** to share in his sufferings and become **like him** in his death, ¹¹in the hope that **I myself** will be **raised** from **death** to **life.** — *Philippians 3:10–11 (GNB)*

15) I have not yet **reached my goal,** and I am not **perfect.** But Christ has **taken hold of me.** So I **keep on running** and **struggling** to take **hold** of the **prize.** — *Philippians 3:12 (CEV)*

16) My friends, I don't feel that I have already **arrived.** But I **forget** what is **behind,** and I struggle **for what is ahead.** ¹⁴I run **towards the goal,** so that I can **win the prize** of being **called** to heaven. This is the prize that **God offers** because of what **Christ Jesus has done.** — *Philippians 3:13–14 (CEV)*

17) May the Lord **lead you** into a greater **understanding of God's love** and the endurance that is given by Christ. — *2 Thessalonians 3:5 (GNB)*

18) But you, **brothers** and **sisters,** must not get **tired** of doing **good.** — *2 Thessalonians 3:13 (GNB)*

19) Such a large crowd of witnesses is **all around us!** So we must **get rid** of **everything** that **slows us down,** especially the **sin** that just **won't let go.** And we must be **determined** to **run the race** that is **ahead** of us. — *Hebrews 12:1 (CEV)*

20) We must keep our eyes **on Jesus,** who **leads** us and makes our faith **complete.** He endured the shame of being nailed to a cross, **because he knew** that later on he would be **glad he did.** Now he is seated at the **right side of God's throne!** — *Hebrews 12:2 (CEV)*

21) So keep your mind **on Jesus,** who put up with many **insults** from **sinners.** Then you won't get **discouraged** and **give up.** — *Hebrews 12:3 (CEV)*

22) Have you forgotten the **encouraging words** which God **speaks to you** as his sons and daughters? "My child, **pay attention** when the Lord **corrects you,** and do not be **discouraged** when he **rebukes** you. ⁶Because the Lord corrects everyone he loves, and punishes everyone he accepts as his child." — *Hebrews 12:5–6 (GNB)*

23) You must **submit** to and **endure [correction] for discipline;** God is **dealing with you** as with sons. For what son is there whom his father does not [thus] **train** and **correct** and **discipline?**
— *Hebrews 12:7 (AMP)*

24) Our earthly fathers correct us, and we still respect them. Isn't it even better to be given true life by letting our **spiritual Father correct us?**
— *Hebrews 12:9 (CEV)*

25) Our human fathers correct us for a short time, and they do it as they think best. **But God corrects us for our own good,** because he wants us to be **holy, as he is.** ¹¹It is never fun to be corrected. In fact, at the time **it is always painful.** But if we learn **to obey by being corrected,** we will do **right** and **live at peace.** — *Hebrews 12:10–11 (CEV)*

26) My brothers and sisters, consider yourselves fortunate **when all kinds of trials come your way,** ³for you know that when your **faith** succeeds in **facing such trials,** the result is the **ability to endure.** ⁴Make sure that **your endurance** carries you **all the way without failing,** so that you may be perfect and complete, lacking nothing. — *James 1:2–4 (GNB)*

27) If any of you is deficient in **wisdom,** let him **ask** of the **giving God** [Who gives] to everyone **liberally** and **ungrudgingly,** without reproaching or faultfinding, **and it will be given him.** — *James 1:5 (AMP)*

28) Only it must be **in faith** that he **asks** with **no wavering (no hesitating, no doubting).** For the one who wavers **(hesitates, doubts)** is like the billowing surge out at sea that is **blown hither** and **thither** and **tossed by the wind.** — *James 1:6 (AMP)*

29) My friends, **follow the example of the prophets** who spoke for the Lord. They were **patient,** even when they had to **suffer.** ¹¹In fact, we praise the ones who **endured** the most. You remember how **patient — Job was** and **how the Lord finally helped him.** The Lord did this because he is so **merciful** and **kind.** — *James 5:10–11 (CEV)*

30) On that day you will be **glad,** even if you have to go through **many hard trials for a while.** — *1 Peter 1:6 (CEV)*

31) So that [the **genuineness**] of your faith may be tested, [your faith] which is infinitely more **precious** than the perishable gold which is tested and purified by fire. **[This proving of your faith is intended]** to redound to [your] praise and glory and honor when Jesus Christ (the Messiah, the Anointed One) is **revealed.** — *1 Peter 1:7 (AMP)*

32) Dear friends, don't be **surprised** or **shocked** that you are **going through testing** that is like walking through **fire.** ¹³Be glad for the chance to **suffer as Christ suffered.** It will **prepare** you for **even greater happiness** when he makes his **glorious return.**
— *1 Peter 4:12–13 (CEV)*

33) And so the Lord knows how to rescue **godly people** from their **trials** and how to keep the wicked under **punishment** for the **Day of Judgement.** — *2 Peter 2:9 (GNB)*

Scripture Therapy Daily Devotional For Success

34) You are **patient, you have suffered for my sake,** and you have not **given up.** — *Revelations 2:3 (GNB)*

35) I know what you do. **I know your love,** your **faithfulness,** your **service,** and your **patience.** I know that you are **doing more now** than you did at **first.** — *Revelations 2:19 (GNB)*

36) I will give **power over the nations** to everyone **who wins the victory** and keeps on **obeying me** until the **end.** — *Revelation 2:26 (CEV)*

37) God's people **must learn** to **endure.** They must also **obey his commands** and have **faith** in **Jesus.** — *Revelation 14:12 (CEV)*

Chapter 27
Health

Read On: Jan 27th | Mar 23rd | May 18th | July 13th | Sept 7th | Nov 2nd | Dec 28th

1) He said, "If you will **obey** me **completely** by doing what I consider right and by **keeping** my **commands,** I will not **punish you** with any of the **diseases** I brought upon the Egyptians. I am the LORD, the **one who heals you."** — *Exodus 15:26 (GNB)*

2) The LORD gives **strength** to his **people** and blesses them with **peace.** — *Psalm 29:11 (GNB)*

3) I **prayed** to you, LORD God, and you **healed me,** ³**saving** me from **death** and the **grave.** — *Psalm 30:2–3 (CEV)*

4) My **mind** and my **body** may grow **weak,** but God is my **strength;** he is **all I ever need.** — *Psalm 73:26 (GNB)*

5) **He** will **keep** you **safe** from all **hidden dangers** and from all **deadly diseases.** — *Psalm 91:3 (GNB)*

6) The **LORD forgives** our **sins, heals** us when we are **sick.** — *Psalm 103:3 (CEV)*

7) He **fills** my life with **good things,** so that I stay **young** and **strong** like an **eagle.** — *Psalm 103:5 (GNB)*

8) By the **power** of his own **word,** he **healed** you and **saved** you from **destruction.** — *Psalm 107:20 (CEV)*

9) He **heals** the **broken-hearted** and bandages their **wounds.** — *Psalm 147:3 (GNB)*

10) This will make you **healthy,** and you will **feel strong.** — *Proverbs 3:8 (CEV)*

11) **Knowing** these **teachings** will mean **true life** and **good health** for **you.** — *Proverbs 4:22 (CEV)*

Scripture Therapy Daily Devotional For Success

12) Receive my instruction in preference to [striving for] silver, and knowledge rather than choice gold.
— Proverbs 8:10 (AMP)

13) Thoughtless words can wound as deeply as any sword, but wisely spoken words can heal. — Proverbs 12:18 (GNB)

14) Kind words are good medicine, but deceitful words can really hurt. — Proverbs 15:4 (CEV)

15) Kind words are like honey — they cheer you up and make you feel strong.
— Proverbs 16:24 (CEV)

16) Lord, I will live for you, for you alone; Heal me and let me live. — Isaiah 38:16 (GNB)

17) He was wounded and crushed because of our sins; by taking our punishment, he made us completely well.
— Isaiah 53:5 (CEV)

18) Share your food with everyone who is hungry; share your home with the poor and homeless. Give clothes to those in need; don't turn away your relatives. — Isaiah 58:7 (CEV)

19) Then shall your light break forth like the morning, and your healing (your restoration and the power of a new life) shall spring forth speedily; your righteousness (your rightness, your justice, and your right relationship with God) shall go before you [conducting you to peace and prosperity], and the glory of the Lord shall be your rear guard.
— Isaiah 58:8 (AMP)

20) And I will always guide you and satisfy you with good things. I will keep you strong and well. You will be like a garden that has plenty of water, like a spring of water that never runs dry.
— Isaiah 58:11 (GNB)

21) LORD, heal me and I will be completely well; rescue me and I will be perfectly safe. You are the one I praise! — Jeremiah 17:14 (GNB)

123

22) I will make you well again; I will heal your wounds, though your enemies say, 'Zion is an outcast; no one cares about her.' I, the LORD, have spoken."
— *Jeremiah 30:17 (GNB)*

23) But I will heal this city and its people and restore them to health. I will show them abundant peace and security.
— *Jeremiah 33:6 (GNB)*

24) Jesus turned. He saw the woman and said, "Don't worry! You are now well because of your faith." At that moment she was healed. — *Matthew 9:22 (CEV)*

25) Jesus called his twelve disciples together and gave them authority to drive out evil spirits and to heal every disease and every sickness.
— *Matthew 10:1 (GNB)*

26) And they drove out many unclean spirits and anointed with oil many who were sick and cured them. — *Mark 6:13 (AMP)*

27) Jesus told him, "You may go. Your eyes are healed because of your faith." straight away the man could see, and he went down the road with Jesus.
— *Mark 10:52 (CEV)*

28) When Jesus heard this, he told Jairus, "Don't worry! Have faith, and your daughter will get well." — *Luke 8:50 (CEV)*

29) You see this man, and you know him. He put his faith in the name of Jesus and was made strong. Faith in Jesus made this man completely well while everyone was watching. — *Acts 3:16 (CEV)*

30) Peter said to Aeneas, "Jesus Christ has healed you! Get up and make up your bed." straight away he stood up. — *Acts 9:34 (CEV)*

31) He was listening to Paul as he talked, and [Paul] gazing intently at him and observing that he had faith to be healed.
— *Acts 14:9 (AMP)*

32) If we live **by the [Holy] Spirit,** let us also **walk by the Spirit.** [If by the Holy Spirit we have our life in God, let us go forward walking in line, **our conduct controlled** by the **Spirit.**] — *Galatians 5:25 (AMP)*

33) That you may walk (**live and conduct yourselves**) in a manner **worthy of the Lord,** fully **pleasing** to **Him** and desiring to **please Him** in **all things,** bearing fruit in every **good work** and **steadily growing** and **increasing** in and by the **knowledge of God** [with fuller, deeper, and **clearer insight,** acquaintance, and **recognition**]. — *Colossians 1:10 (AMP)*

34) Try your best **to live quietly,** to mind your **own business,** and to **work hard,** just as we **taught you to do.** — *1 Thessalonians 4:11 (CEV)*

35) He taught us to **give up** our **wicked ways** and our **worldly desires** and to live **decent** and **honest** lives in this world. — *Titus 2:12 (CEV)*

36) Is anyone among you **sick?** He should call in the **church elders** (the spiritual guides). And they should **pray over him,** anointing him with oil in the Lord's name. — *James 5:14 (AMP)*

37) And the prayer [that is] of **faith** will **save** him who is **sick,** and the Lord will **restore** him; and if he has committed sins, **he will be forgiven.** — *James 5:15 (AMP)*

38) Christ carried the **burden** of our **sins.** He was nailed to the cross, so that we would **stop sinning** and **start living right.** By his cuts and bruises you are healed. — *1 Peter 2:24 (CEV)*

39) dear friend, and I pray that **all goes well for you.** I hope that you are as **strong in body,** as I know you are **in spirit.** — *3 John 1:2 (CEV)*

40) Then it flowed down the middle of the city's main street. On each side of the river are trees that grow a different kind of fruit each month of the year. **The fruit gives life, and the leaves are used as medicine to heal the nations.** — *Revelation 22:2 (CEV)*

Chapter 28
Long Life

Read On: Jan 28th | Mar 24th | May 19th | July 14th | Sept 8th | Nov 3rd | Dec 29th

1) "**Respect** your **father** and your **mother,** so that you may **live a long time** in the land that I am **giving** you.
— *Exodus 20:12 (GNB)*

2) And if **you** and **your descendants** want to **live a long time,** you must always **worship the LORD** and **obey** his **laws.** — *Deuteronomy 6:2 (CEV)*

3) I will reward them with **long life;** I will **save** them." — *Psalm 91:16 (GNB)*

4) **Keep me alive,** so I can praise you, and let me find help in your **teachings.**
— *Psalm 119:175 (CEV)*

5) **Wisdom** offers you **long life,** as well as **wealth and honour.**
— *Proverbs 3:16 (GNB)*

6) My child, use **common sense** and **sound judgment! Always keep** them in **mind.** — *Proverbs 3:21 (CEV)*

7) They will **provide** you with **life** — a **pleasant** and **happy** life. — *Proverbs 3:22 (GNB)*

8) Receive my **instruction** in preference to [**striving for**] silver, and **knowledge rather than** choice gold.
— *Proverbs 8:10 (AMP)*

9) Those who **find me** find **life**, and the **LORD** will be **pleased** with **them.** — *Proverbs 8:35 (GNB)*

10) I am **Wisdom.** If you **follow** me, you will **live a long** time.
— *Proverbs 9:11 (CEV)*

12) **Lazy** people who **refuse** to **work** are only killing **themselves.**
— *Proverbs 21:25 (GNB)*

11) Be **careful** what you **say** and **protect your life.** A **careless** talker **destroys** himself. — *Proverbs 13:3 (GNB)*

13) **Obey** the LORD, be **humble,** and you will get **riches, honour,** and a **long life.** — *Proverbs 22:4 (GNB)*

14) If God gives a man **wealth** and **property** and lets him **enjoy them,** he should be **grateful** and enjoy what he has worked for. It is a gift from God. — *Ecclesiastes 5:19 (GNB)*

15) Wisdom will **protect** you just like money; **knowledge** with **good sense** will **lead** you to **life.** — *Ecclesiastes 7:12 (CEV)*

16) Pay **close attention!** Come to me and **live.** I will **promise** you the **eternal love** and **loyalty** that I promised David. — *Isaiah 55:3 (CEV)*

17) And this is the message: 'Those who are evil will not survive, but those who are righteous will live because they are faithful to God.'" — *Habakkuk 2:4 (GNB)*

18) Jesus answered, "The Scriptures say: 'No one can live **only on food.** People need every word that God has **spoken.**'" — *Matthew 4:4 (CEV)*

19) For God **loved** the world **so much** that he gave **his only Son,** so that everyone who **believes** in **him** may not die but have **eternal life.** — *John 3:16 (GNB)*

20) A thief comes only to rob, kill, and destroy. **I came so that everyone would have life,** and have it fully. — *John 10:10 (CEV)*

21) In a little while the people of this world won't be able to see me, **but you will see me. And because I live, you will live.** — *John 14:19 (CEV)*

22) So that it is no longer **I who live,** but it is **Christ** who **lives in me.** This life that I live now, I live **by faith** in the **Son of God,** who loved me and gave **his life** for **me.** — *Galatians 2:20 (GNB)*

23) No one can **please God** by obeying the Law. The Scriptures also say, "The people God **accepts** because of their **faith will live."** — *Galatians 3:11 (CEV)*

24) If we live by the [Holy] Spirit, let us also **walk** by the **Spirit**. [If by the Holy Spirit we have our **life in God,** let us go **forward** walking in line, our **conduct controlled** by the **Spirit**.] — *Galatians 5:25 (AMP)*

25) In the **Lord's** name, then, **I warn** you: do not **continue** to **live** like the **heathen,** whose **thoughts** are **worthless.**
— *Ephesians 4:17 (GNB)*

26) That you may walk (**live** and **conduct yourselves**) in a manner **worthy** of the **Lord,** fully **pleasing** to Him and **desiring** to **please Him** in all things, **bearing fruit** in every **good work** and **steadily growing** and **increasing** in and by the **knowledge of God** [with **fuller, deeper,** and **clearer insight,** acquaintance, and recognition]. — *Colossians 1:10 (AMP)*

27) First of all, I ask you to **pray for everyone.** Ask God to **help** and **bless** them all, and tell God how **thankful** you are for **each of them.**
— *1 Timothy 2:1 (CEV)*

28) Pray for **kings** and **others** in **power,** so that we may **live quiet** and **peaceful lives** as we **worship** and **honour** God. — *1 Timothy 2:2 (CEV)*

29) Everyone who wants **to live a godly life** in union with **Christ Jesus** will be **persecuted.**
— *2 Timothy 3:12 (GNB)*

30) The people God **accepts** will **live** because of their **faith.** But he isn't pleased with anyone who turns back."
— *Hebrews 10:38 (CEV)*

31) Try to live **at peace** with **everyone!** Live a **clean life.** If you don't, you will never **see the Lord.** — *Hebrews 12:14 (CEV)*

32) Keep your lives **free from the love of money,** and be **satisfied** with **what you have.** For God has said, "I will never **leave** you; I will never **abandon** you." — *Hebrews 13:5 (GNB)*

33) You say that God is your Father, **but God doesn't have favourites!** He judges all people **by what they do.** So you must **honour God while you live** as strangers here on earth.
— *1 Peter 1:17 (CEV)*

34) Finally, all of you should **agree** and **have concern** and **love for each other.** You should also be **kind** and **humble.** — *1 Peter 3:8 (CEV)*

35) Since all these things will be destroyed in this way, **what kind of people should you be?** Your lives should be **holy** and **dedicated** to God.
— *2 Peter 3:11 (GNB)*

36) The world and everything **in it** that people **desire** is passing away; but **those who do the will of God live for ever.** — *1 John 2:17 (GNB)*

37) And we ourselves **know** and **believe** the **love** which God **has for us. God is love,** and those who **live in love** live in **union with God** and God lives in union **with them.** — *1 John 4:16 (GNB)*

SECTION 3

SCRIPTURE THERAPY™
to Help Overcome
FINANCIAL AND SUCCESS ISSUES

TOPICS

Chapter 29: *Overcoming Poverty*
Chapter 30: *God's way of Prospering*
Chapter 31: *Achieving Success*
Chapter 32: *God's Blessings*
Chapter 33: *Wisdom for Success*
Chapter 34: *Wisdom for Guidance*
Chapter 35: *Importance of Tithe & Offerings*

Chapter 29
Overcoming Poverty

Read On: Jan 29th | Mar 25th | May 20th | July 15th | Sept 9th | Nov 4th | Dec 30th

1) Honour the LORD by giving him your **money** and the **first part** of all your **crops**.
— *Proverbs 3:9 (CEV)*

2) If you do, your barns **will be filled** with **grain**, and you will have **too much** wine to be able to store it all.
— *Proverbs 3:10 (GNB)*

3) **Plan carefully** what you do, and whatever you do **will turn out right**.
— *Proverbs 4:26 (GNB)*

4) **Wealth** that you get **by dishonesty** will do you **no good**, but **honesty** can **save your life**.
— *Proverbs 10:2 (GNB)*

5) Being **lazy** will make you **poor**, but **hard work** will make you **rich**.
— *Proverbs 10:4 (GNB)*

6) At **harvest** season it's **clever** to **work hard**, but **stupid to sleep**.
— *Proverbs 10:5 (CEV)*

7) Everyone praises **good people**, but evil **hides behind** the **words** of the **wicked**.
— *Proverbs 10:6 (CEV)*

8) It is the LORD'S **blessing** that **makes** you **wealthy**. Hard work can make you **no richer**.
— *Proverbs 10:22 (GNB)*

9) Having a **lazy person** on the job is like a mouth full of vinegar or **smoke** in your **eyes**.
— *Proverbs 10:26 (CEV)*

10) **Generosity** will be **rewarded**: give a cup of water, and **you will receive** a cup of water in return.
— *Proverbs 11:25 (CEV)*

11) He who **leans** on, **trusts** in, and is confident in his **riches** shall **fall**, but the [**uncompromisingly**] righteous shall **flourish** like a green bough.
— *Proverbs 11:28 (AMP)*

12) **Work hard,** and you will be a **leader;** be **lazy,** and you will **end up** a slave.
— *Proverbs 12:24 (CEV)*

13) If you are **lazy**, you will **never** get what you are **after**, but if you **work hard**, you will get a **fortune.** — *Proverbs 12:27 (GNB)*

14) No matter how much a **lazy person** may **want** something, he will **never get** it. A **hard worker** will get **everything** he **wants**. — *Proverbs 13:4 (GNB)*

15) **Work** and you will **earn a living**, if you **sit around talking** you will be **poor.** — *Proverbs 14:23 (GNB)*

16) The life of the **poor** is a **constant struggle**, but **happy** people always **enjoy** life. — *Proverbs 15:15 (GNB)*

17) A man's **mind** plans his way, but the **Lord directs his steps** and makes them sure. — *Proverbs 16:9 (AMP)*

18) Do yourself a favour and **learn all you can**; then remember what you learn and **you will prosper.** — *Proverbs 19:8 (GNB)*

19) Some people are too **lazy** to put food in their own mouths. — *Proverbs 19:24 (GNB)*

20) A farmer who is too **lazy** to **plough** his fields at the **right time** will have **nothing** to **harvest.** — *Proverbs 20:4 (GNB)*

21) If you **sleep** all the time, you will **starve**; if you **get up and work,** you will have **enough food.** — *Proverbs 20:13 (CEV)*

22) Getting **rich quick** may turn out to be a **curse.** — *Proverbs 20:21 (CEV)*

23) The **riches** you get by **dishonesty** soon **disappear,** but not before they lead you **into the jaws of death.** — *Proverbs 21:6 (GNB)*

24) **Indulging in luxuries,** wine, and **rich food** will **never** make you wealthy. — *Proverbs 21:17 (GNB)*

25) **Lazy** people who **refuse to work** are only killing themselves ²⁶all they do is **think about** what they would **like to have.** The righteous, however, can **give**, and give **generously.** — *Proverbs 21:25–26 (GNB)*

27) The Lord **despises** the offerings of **wicked** people with **evil motives.**
— *Proverbs 21:27 (CEV)*

28) If you make **gifts to rich people** or **oppress the poor** to get **rich,** you will become poor yourself.
— *Proverbs 22:16 (GNB)*

29) Give up trying **so hard** to get **rich.**
— *Proverbs 23:4 (CEV)*

30) An **idea well expressed** is like a **design** of **gold,** set in **silver.**
— *Proverbs 25:11 (GNB)*

31) An **employer** who hires any **fool** that comes along is only **hurting** everybody concerned. — *Proverbs 26:10 (GNB)*

32) If you make money by **charging high interest rates,** you will **lose it all** to someone who **cares** for the **poor.** — *Proverbs 28:8 (CEV)*

33) **Work hard,** and you will have a **lot of food; waste time,** and you will have a lot of **trouble.** — *Proverbs 28:19 (CEV)*

34) God blesses his loyal **people,** but punishes all who want to **get rich quick.**
— *Proverbs 28:20 (CEV)*

35) Don't be **selfish** and **eager** to get **rich** — you will end up **worse off** than you can **imagine.** — *Proverbs 28:22 (CEV)*

36) **Giving** to the **poor** will keep you from **poverty,** but if you **close** your **eyes** to their **needs,** everyone will **curse** you.
— *Proverbs 28:27 (CEV)*

37) There are people who take **cruel advantage** of the **poor** and **needy**; that is the way they **make their living.**
— *Proverbs 30:14 (GNB)*

38) God gives **wisdom, knowledge,** and **happiness** to those who **please** him, but he makes **sinners** work, earning and saving, so that **what they get** can be **given** to those **who please him.** It is all useless. It is like chasing the wind. — *Ecclesiastes 2:26 (GNB)*

Chapter 30
God's Way of Prospering

Read On: Jan 30th | Mar 26th | May 21st | July 16th | Sept 10th | Nov 5th | Dec 31st

1) Isaac **sowed seed** in that land, and that **year** he **harvested** a **hundred times** as much as he had sown, **because the LORD blessed him.** — *Genesis 26:12 (GNB)*

2) He **continued** to **prosper** and became a very **rich** man. — *Genesis 26:13 GNB*

3) So Joseph lived in the home of Potiphar, his Egyptian owner. Soon Potiphar **realized** that the LORD was **helping Joseph** to be **successful** in **whatever he did.** — *Genesis 39:2–3 (CEV)*

4) You shall walk in **all the ways** which the Lord your God has **commanded** you, that you may **live** and that it may **go well with you** and that you may **live long** in the land which **you** shall **possess.** — *Deuteronomy 5:33 (AMP)*

5) Remember that **it is the LORD your God** who gives you the **power** to become **rich.** He does this **because** he is still **faithful** today to the **covenant** that **he made** with your **ancestors.** — *Deuteronomy 8:18 (GNB)*

6) The LORD will give you a lot of **children** and **make sure** that your animals **give birth to many young.** The LORD promised your ancestors that this land **would be yours,** and he will make it **produce large crops for you.** — *Deuteronomy 28:11 (CEV)*

7) The LORD will **open the storehouses** of the skies where he **keeps the rain,** and he will **send rain** on your **land** at just the **right times.** He will make you **successful** in **everything** you do. You will have **plenty of money** to **lend** to other **nations,** but you won't **need** to **borrow** any **yourself.** — *Deuteronomy 28:12 (CEV)*

8) Obey faithfully all the terms of this covenant, so that you will be successful in everything you do. — *Deuteronomy 29:9 (GNB)*

9) I am commanding you to be loyal to the LORD, to live the way he has told you, and to obey his laws and teachings. You are about to cross the River Jordan and take the land that he is giving you. If you obey him, you will live and become successful and powerful. On the other hand, you might choose to disobey the LORD and reject him. So I'm warning you that if you bow down and worship other gods, you won't have long to live.
— *Deuteronomy 30:16–18 (CEV)*

10) Be sure that the book of the law is always read in your worship. Study it day and night, and make sure that you obey everything written in it. Then you will be prosperous and successful. — *Joshua 1:8 (GNB)*

11) Do what the LORD your God commands and follow his teachings. Obey everything written in the Law of Moses. Then you will be a success, no matter what you do or where you go. — *1 Kings 2:3 (CEV)*

12) He was successful, because everything he did for the Temple or in observance of the Law, he did in a spirit of complete loyalty and devotion to his God. — *2 Chronicles 31:21 (GNB)*

13) For the sake of the house of the LORD our God I pray for your prosperity.
— *Psalm 122:9 (GNB)*

14) Your work will provide for your needs; you will be happy and prosperous.
— *Psalm 128:2 (GNB)*

15) It is the LORD'S blessing that makes you wealthy. Hard work can make you no richer.
— *Proverbs 10:22 (GNB)*

16) Sometimes you can become rich by being generous or poor by being greedy.
— *Proverbs 11:24 (CEV)*

Scripture Therapy Daily Devotional For Success

17) **Generosity** will be **rewarded**: Give a cup of water, and **you will receive** a cup of water **in return.** — *Proverbs 11:25 (CEV)*

18) Evil pursues sinners, but the **consistently upright** and in right standing **with God** is recompensed with **good.** — *Proverbs 13:21 (AMP)*

19) **Righteous** people **keep their wealth,** but the wicked **lose theirs** when **hard times** come. — *Proverbs 15:6 (GNB)*

20) He who **deals wisely** and heeds **[God's] word** and **counsel** shall find **good,** and whoever **leans** on, **trusts** in, and is **confident** in the **Lord—happy, blessed,** and **fortunate** is he. — *Proverbs 16:20 (AMP)*

21) Do yourself a **favour** and **learn all you can;** then **remember** what you learn and **you will prosper.** — *Proverbs 19:8 (GNB)*

22) **Obey** the LORD, be **humble,** and you will get **riches, honour,** and a **long life.** — *Proverbs 22:4 (GNB)*

23) **Honest people** will lead a **full, happy life.** But if you are in a **hurry to get rich,** you are going to be **punished.** — *Proverbs 28:20 (GNB)*

24) He who is of a **greedy spirit** stirs up **strife,** but he who puts his **trust in the Lord** shall be **enriched** and **blessed.** — *Proverbs 28:25 (AMP)*

25) If God gives a man **wealth** and **property** and lets him enjoy them, he should be grateful and enjoy what he has worked for. It is a gift from God. — *Ecclesiastes 5:19 (GNB)*

26) **Invest** your **money** in **foreign** trade, and one of these days you will **make a profit.** — *Ecclesiastes 11:1 (GNB)*

27) Share **what you have** with seven or eight **others,** because **you never know** when disaster may **strike.** — *Ecclesiastes 11:2 (CEV)*

28) He who observes the wind [and waits for all conditions to be favorable] will not **sow**, and he who regards the **clouds** will not **reap**. — *Ecclesiastes 11:4 (AMP)*

29) **Plant your seeds early in the morning and keep working** in the field **until dark.** Who knows? Your work might **pay off,** and your **seeds** might **produce.** — *Ecclesiastes 11:6 (CEV)*

30) **I alone** know the plans **I have for you,** plans to **bring** you **prosperity** and not disaster, plans to **bring** about the **future** you **hope** for. — *Jeremiah 29:11 (GNB)*

31) Cry yet again, saying, Thus says the Lord of hosts: **My cities** shall yet again **overflow** with **prosperity,** and the Lord shall yet **comfort Zion** and shall yet choose Jerusalem. — *Zechariah 1:17 (AMP)*

32) Even from the days of your fathers **you have turned away from my ordinances** and have **not kept them. Return to me,** and I will **return to you,** says the Lord of hosts. But you say, **How shall we return?** — *Malachi 3:7 (AMP)*

33) I am the LORD **All—Powerful,** and **I challenge you to put me to the test.** Bring the **entire ten per cent** into the storehouse, so there will be food in my house. Then I will **open the windows of heaven** and flood you with **blessing** after **blessing.** — *Malachi 3:10 (CEV)*

34) But more than anything else, **put God's work first and do what he wants.** Then the other things will be yours as well. — *Matthew 6:33 (CEV)*

35) We know that God is **always at work** for the **good** of everyone **who loves him.** They are the ones God has **chosen** for his **purpose,** — *Romans 8:28 (CEV)*

36) For you are becoming **progressively acquainted** with and recognizing more strongly and clearly the grace of our **Lord Jesus Christ** (His **kindness,** His **gracious generosity,** His **undeserved favor** and **spiritual blessing**), [in] that though He was **[so very] rich,** yet **for your sakes** He became [so very] poor, in order that by His poverty **you might become enriched (abundantly supplied).**
— *2 Corinthians 8:9 (AMP)*

37) Now to Him Who, by (in consequence of) the [action of His] **power** that is **at work within us, is able** to [carry out His purpose and] **do superabundantly, far over** and **above all that we [dare] ask or think** [infinitely beyond **our highest prayers, desires, thoughts, hopes, or dreams].** — *Ephesians 3:20 (AMP)*

38) **Obey God's message! Don't fool** yourselves **by just listening to it.**
— *James 1:22 (CEV)*

39) But you must **never stop** looking at the perfect law that sets you free. **God will bless you** in **everything you do,** if you **listen** and **obey,** and don't just **hear** and **forget.** — *James 1:25 (CEV)*

Chapter 31
Achieving Success

Read On: Jan 31st | Mar 27th | May 22nd | July 17th | Sept 11th | Nov 6th

1) **Just be determined,** be **confident**; and make sure that you **obey** the whole Law that my servant Moses gave you. Do not **neglect any part of it** and you will **succeed wherever you go.** — *Joshua 1:7 (GNB)*

2) Be sure that the **book of the Law** is always **read in your worship.** Study it **day** and **night,** and make sure that you **obey** everything **written in it.** Then you will be **prosperous** and **successful.** — *Joshua 1:8 (GNB)*

3) The LORD **helped** David, and he and his soldiers always **won their battles.** — *1 Samuel 18:14 (CEV)*

4) If you **obey** the **laws** and **teachings** that the LORD gave Moses, you will be **successful.** Be strong and brave and **don't get discouraged** or be **afraid** of anything. — *1 Chronicles 22:13 (CEV)*

5) Zechariah was Uzziah's advisor and **taught him to obey God.** And so, as long as Zechariah was alive, Uzziah was **faithful to God,** and God made him **successful.**
— *2 Chronicles 26:5 (CEV)*

6) May he give you **what you desire** and make all your plans **succeed.**
— *Psalm 20:4 (GNB)*

7) In all your ways know, **recognize,** and acknowledge Him, and He will **direct** and make **straight** and plain your **paths.** — *Proverbs 3:6 (AMP)*

8) When the Lord **blesses** you with **riches,** you have **nothing to regret.**
— *Proverbs 10:22 (CEV)*

9) **Hard working farmers** have more than **enough** food; **daydreamers** are nothing more than **stupid fools.**
— *Proverbs 12:11 (CEV)*

10) You are in for trouble **if you sin,** but you will be **rewarded** if you **live right.**
— *Proverbs 13:21 (CEV)*

11) Without **good advice** everything goes wrong— it takes careful planning for things to go right.
— *Proverbs 15:22 (CEV)*

12) Ask the LORD to **bless** your **plans,** and you will be **successful** in carrying them out. — *Proverbs 16:3 (GNB)*

13) Pay attention to what you are **taught,** and you will be **successful;** trust in the LORD and you will be happy. — *Proverbs 16:20 (GNB)*

14) He who **gains Wisdom** loves his own life; he who keeps **understanding** shall **prosper** and find **good.**
— *Proverbs 19:8 (AMP)*

15) If you don't **sharpen your axe,** it will be **harder to use;** if you are **clever,** you'll know **what to do.**
— *Ecclesiastes 10:10 (CEV)*

16) If you **worry** about the **weather** and don't **plant seeds,** you won't **harvest** a crop. — *Ecclesiastes 11:4 (CEV)*

17) You, like your ancestors before you **have turned away from my laws and have not kept them. Turn back to me,** and I will turn to you. But you ask, **'What must we do** to turn back to you?'
— *Malachi 3:7 (GNB)*

18) Bring all the **tithes (the whole tenth of your income)** into the **storehouse,** that there may be food in My house, and **prove Me now by it,** says the Lord of hosts, **if I will not** open the **windows of heaven for you and pour you out a blessing,** that there shall not be room enough to receive it. — *Malachi 3:10 (AMP)*

19) And whatever you ask for **in prayer,** having **faith** and **[really] believing,** you will **receive.**
— *Matthew 21:22 (AMP)*

20) Everything you ask for **in prayer** will be **yours,** if you only have **faith.** — *Mark 11:24 (CEV)*

21) The seeds that fell among the thorn bushes are also people who **hear the message.** But they are so eager for **riches** and **pleasures** that they never **produce anything.**
— *Luke 8:14 (CEV)*

22) So I say to you, **Ask** and **keep on asking** and it **shall be given you;** **seek** and **keep on seeking** and you shall **find; knock** and keep on **knocking** and the door **shall be opened to you.**
— *Luke 11:9 (AMP)*

23) Everyone who **asks will receive,** everyone who **searches will find,** and the door will be **opened** for everyone **who knocks.**
— *Luke 11:10 (CEV)*

24) John answered, "No one can **have anything** unless **God gives it to him.**
— *John 3:27 (GNB)*

25) Ask me, and **I will do whatever you ask.** This way the Son will bring **honour** to the **Father.** — *John 14:13 (CEV)*

26) If you **ask me for anything in my name,** I will do it. — *John 14:14 (GNB)*

27) Until now you have not asked for anything in my name; **ask and you will receive,** so that your happiness may be complete. — *John 16:24 (GNB)*

28) You yourselves know that **I have worked with these hands of mine** to provide everything that **my companions** and I have needed.
— *Acts 20:34 (GNB)*

29) We don't have the right **to claim** that we have done anything **on our own.** God gives us **what it takes to do all that we do.**
— *2 Corinthians 3:5 (CEV)*

30) God can bless you with **everything you need,** and you will always have **more than enough** to do all kinds of **good things for others.**
— *2 Corinthians 9:8 (CEV)*

31) Those who used to rob **must stop robbing** and **start working,** in order to **earn an honest living for themselves** and to be able to **help the poor.** — *Ephesians 4:28 (GNB)*

32) Always use the name of **our Lord Jesus Christ** to **thank God the Father** for **everything.**
— *Ephesians 5:20 (CEV)*

33) I do not **claim** that I have already **succeeded** or have already **become perfect.** I keep **striving** to win the prize for which **Christ Jesus** has already **won me to himself.**
— *Philippians 3:12 (GNB)*

34) My friends, **I don't feel that I have already arrived.** But I forget what is **behind,** and I **struggle** for what is **ahead.** — *Philippians 3:13 (CEV)*

35) **I run towards the goal,** so that I can win the **prize** of being called to heaven. This is the prize that God **offers** because of what **Christ Jesus** has done.
— *Philippians 3:14 (CEV)*

36) I pray that **God will take care of all your needs** with the **wonderful blessings** that come from Christ Jesus!
— *Philippians 4:19 (CEV)*

37) **be thankful in all circumstances.** This is what **God wants** from you in your life in union with Christ Jesus.
— *1 Thessalonians 5:18 (GNB)*

38) People who don't **take care of their relatives,** and especially **their own families,** have given up their **faith.** They are **worse** than someone who **doesn't have faith** in the Lord. — *1 Timothy 5:8 (CEV)*

39) And when you **ask,** you do not receive it, **because your motives are bad;** you ask for things to use for your own **pleasures.** — *James 4:3 (GNB)*

40) I pray that **God will be kind to you** and will let you live in **perfect peace!** May you keep learning more and more **about God and our Lord Jesus** — *2 Peter 1:2 (CEV)*

Chapter 32
God's Blessings

Read On: Feb 1st | Mar 28th | May 23rd | July 18th | Sept 12th | Nov 7th

1) Know, **recognize,** and **understand** therefore that the Lord your God, **He is God,** the **faithful** God, Who **keeps covenant** and steadfast **love** and mercy with those **who love Him** and keep **His commandments,** to a thousand generations,
— *Deuteronomy 7:9 (AMP)*

2) If you **completely obey** these laws, the LORD your God will be **loyal** and keep the **agreement** he made with you, just as he **promised** our ancestors. — *Deuteronomy 7:12 (CEV)*

3) The LORD will **love you** and **bless you** by giving you many **children** and plenty of **food,** wine, and olive oil. Your herds of cattle will have **many calves,** and your flocks of sheep will have **many lambs.** — *Deuteronomy 7:13 (CEV)*

4) **God will bless you** more than any other **nation** — your **families** will **grow** and your livestock **increase.**
— *Deuteronomy 7:14 (CEV)*

5) The LORD will **protect** you from all **sickness,** and he will not **bring on you** any of the **dreadful diseases** that you experienced in Egypt, but he will bring them on all your **enemies.**
— *Deuteronomy 7:15 (GNB)*

6) So then, you must **never think** that you have **made yourselves wealthy** by your **own power** and strength.
— *Deuteronomy 8:17 (GNB)*

7) Remember that it is the LORD your **GOD** who **gives you the power to become rich.** He does this because he is still **faithful today** to the **covenant** that he **made** with your **ancestors.** — *Deuteronomy 8:18 (GNB)*

8) "If you **obey** the **LORD** your **GOD** and **faithfully keep** all his **commands** that I am giving you today, he will **make you greater** than any other **nation on earth.**
— *Deuteronomy 28:1 (GNB)*

9) **Obey** the LORD your **GOD** and **all these blessings** will be **yours:** — *Deuteronomy 28:2 (GNB)*

10) The LORD will make your businesses and your farms **successful.** — *Deuteronomy 28:3 (CEV)*

11) You will have **many children.** You will harvest **large crops,** and your herds of cattle and flocks of sheep and goats **will produce many young.** — *Deuteronomy 28:4 (CEV)*

12) You will have **plenty** of bread to **eat.**
— *Deuteronomy 28:5 (CEV)*

13) The LORD will make you **successful** in your **daily work.**
— *Deuteronomy 28:6 (CEV)*

14) The LORD will help you **defeat** your **enemies** and make them **scatter** in all **directions.**
— *Deuteronomy 28:7 (CEV)*

15) The Lord your God is **giving you the land,** and he will **make sure you are successful** in everything you do. Your harvests will be **so large** that your **storehouses** will be **full.**
— *Deuteronomy 28:8 (CEV)*

16) If you **follow** and **obey** the LORD, he will **make you his own special people,** just as he promised.
— *Deuteronomy 28:9 (CEV)*

17) Then everyone on earth will know that you belong to the LORD, and they will be **afraid of you.** — *Deuteronomy 28:10 (CEV)*

18) The LORD will give you a **lot of children** and make sure that your animals **give birth to many young.** The LORD promised your ancestors that this land **would be yours,** and he will **make it produce large crops for you.** — *Deuteronomy 28:11 (CEV)*

19) The LORD will **open the storehouses** of the skies where he keeps the rain, and he will **send rain on your land** at just the right times. He will make you **successful** in **everything you do.** You will have **plenty** of **money** to **lend** to other nations, but you won't need to borrow any yourself. — *Deuteronomy 28:12 (CEV)*

20) The LORD your God **will make you the leader** among the nations and **not a follower;** you will always **prosper** and **never fail** if you **obey faithfully** all his **commands** that I am giving you today. — *Deuteronomy 28:13 (GNB)*

21) But you must not **reject** any of his **laws** and teachings or **worship other gods.** — *Deuteronomy 28:14 (CEV)*

22) **Obey faithfully** all the terms of this **covenant,** so that you will be **successful** in **everything** you do. — *Deuteronomy 29:9 (GNB)*

23) You are not the only ones with whom the LORD is making **this covenant** with its obligations. [15]He is making it **with all of us** who stand here in his presence today and also with our **descendants who are not yet born.** — *Deuteronomy 29:14–15 (GNB)*

24) The Lord is always kind to those who worship him, and he keeps his promises to their descendants [18]who faithfully obey him. — *Psalm 103:17–18 ICB*

25) For though the mountains should depart and the hills be shaken or removed, yet **My love** and **kindness shall not depart from you,** nor shall My **covenant** of **peace** and completeness be removed, says the Lord, Who has **compassion** on you. — *Isaiah 54:10 (AMP)*

26) And **I make a covenant with you:** I have given you **my power** and my teachings to be yours for ever, and from now on you are to **obey** me and **teach** your children and your **descendants** to **obey** me for **all time to come."** — *Isaiah 59:21 (GNB)*

27) Your **shame** and **disgrace** are **ended.** You will **live** in your **own land,** And your **wealth** will be doubled; Your **joy** will **last for ever.**
— *Isaiah 61:7 (GNB)*

28) The LORD says, **"I love justice** and **I hate oppression** and **crime.** I will faithfully **reward** my people And make an **eternal covenant with them.** — *Isaiah 61:8 (GNB)*

29) They will be **famous among the nations;** Everyone who **sees** them will know That they are a people whom **I have blessed."**
— *Isaiah 61:9 (GNB)*

30) For this reason Christ is the one who arranges a new **covenant,** so that those who have been **called** by God may receive the **eternal blessings** that **God has promised.** This can be done because there has been a death which **sets people free** from the **wrongs they did** while the first covenant was in force. — *Hebrews 9:15 (GNB)*

31) For if we go on **deliberately** and **willingly sinning** after once acquiring the **knowledge of the Truth,** there is no longer any sacrifice left to **atone for [our] sins** [no further offering to which to look forward]. — *Hebrews 10:26 (AMP)*

32) [There is nothing left for us then] but a kind of awful and fearful prospect and **expectation of divine judgment and the fury** of burning wrath and indignation which will consume those **who put themselves in opposition [to God].**
— *Hebrews 10:27 (AMP)*

33) We know that God has said **he will punish and take revenge.** We also know that the Scriptures say the **Lord will judge his people.** — *Hebrews 10:30 (CEV)*

34) It is a **terrible** thing to **fall** into the **hands** of the **living God!**
— *Hebrews 10:31 (CEV)*

Chapter 33
Wisdom for Success

Read On: Feb 2nd | Mar 29th | May 24th | July 19th | Sept 13th | Nov 8th

1) I will do what you have asked. **I will give you more wisdom and understanding** than anyone has ever had before or will ever have again. — *I Kings 3:12 (GNB)*

2) But you want complete **honesty**, so **teach me true wisdom.** — *Psalm 51:6 (CEV)*

3) To have **knowledge,** you must first have **reverence** for the **LORD**. Stupid people have no **respect** for **wisdom** and **refuse to learn.** — *Proverbs 1:7 (GNB)*

4) All **wisdom comes from** the LORD, and so do **common sense** and **understanding**. — *Proverbs 2:6 (CEV)*

5) You will become **wise,** and your **knowledge** will give you **pleasure**. — *Proverbs 2:10 (GNB)*

6) Your **insight** and **understanding** will **protect** you and **prevent** you from doing the **wrong** thing. They will **keep you away** from people who **stir up trouble** by what they say. — *Proverbs 2:11–12 (GNB)*

7) Never let yourself think that you are **wiser** than you are; **simply obey** the LORD and **refuse** to do **wrong**. — *Proverbs 3:7 (GNB)*

8) God **blesses** everyone who has **wisdom** and **common sense.** — *Proverbs 3:13 (CEV)*

9) Be **wise** and **learn good sense;** remember my teachings and **do what I say.** — *Proverbs 4:5 (CEV)*

10) The beginning of **Wisdom** is: get Wisdom (skillful and godly Wisdom)! [For skillful and godly Wisdom is the **principal thing**.] And with all you have gotten, get **understanding** (discernment, **comprehension,** and **interpretation**) . — *Proverbs 4:7 (AMP)*

11) My son, if you **listen closely** to my **wisdom** and **good sense,** ²you will have **sound judgment,** and you will always know the **right thing to say.** — *Proverbs 5:1–2 (CEV)*

12) **Wisdom** is worth **much more** than precious **jewels** or anything else you **desire.**" — *Proverbs 8:11 (CEV)*

13) Listen to what you are **taught.** Be wise; **do not neglect it.** — *Proverbs 8:33 (GNB)*

14) Never correct **conceited** people; they will **hate** you for it. But if you correct **the wise,** they will **respect** you. — *Proverbs 9:8 (GNB)*

15) Anything you **say** to the **wise** will make them **wiser.** Whatever you **tell** the righteous will **add** to their **knowledge.** — *Proverbs 9:9 (GNB)*

16) **Respect** and **obey** the LORD! This is the beginning of **wisdom.** To have **understanding,** you must **know** the **Holy God.** — *Proverbs 9:10 (CEV)*

17) You are the one **who will profit** if you have **wisdom,** and if you **reject** it, you are the one **who will suffer.** — *Proverbs 9:12 (GNB)*

18) People who are **proud** will soon be **disgraced.** It is wiser to be **modest.** — *Proverbs 11:2 (GNB)*

19) A wise son **pays attention** when his father **corrects** him, but an **arrogant** person never **admits** he is **wrong.** — *Proverbs 13:1 (GNB)*

20) Too much **pride** causes trouble. Be sensible and **take advice.** — *Proverbs 13:10 (CEV)*

21) Wise **friends** make you **wise,** but you **hurt yourself** by going around with **fools.** — *Proverbs 13:20 (CEV)*

22) Stay away from **foolish people;** they have **nothing** to **teach** you. — *Proverbs 14:7 (GNB)*

23) Intelligent people think before they speak; what they say is then more persuasive.
— *Proverbs 16:23 (GNB)*

24) Invest in truth and wisdom, discipline and good sense, and don't part with them.
— *Proverbs 23:23 (CEV)*

25) Use wisdom and understanding to establish your home.
— *Proverbs 24:3 (CEV)*

26) Through skillful and godly Wisdom is a house (a life, a home, a family) built, and by understanding it is established [on a sound and good foundation], And by knowledge shall its chambers [of every area] be filled with all precious and pleasant riches. — *Proverbs 24:3–4 (AMP)*

27) Being wise is better than being strong; yes, knowledge is more important than strength.
— *Proverbs 24:5 (GNB)*

28) Correct your children, and they will be wise; children out of control disgrace their mothers. — *Proverbs 29:15 (CEV)*

29) A capable, intelligent, and virtuous woman—who is he who can find her? She is far more precious than jewels and her value is far above rubies or pearls. — *Proverbs 31:10 (AMP)*

30) She opens her mouth in skillful and godly Wisdom, and on her tongue is the law of kindness [giving counsel and instruction].
— *Proverbs 31:26 (AMP)*

31) The spirit of the LORD will give him wisdom, and the knowledge and skill to rule his people. He will know the LORD'S will and honour him. — *Isaiah 11:2 (GNB)*

32) All this wisdom comes from the LORD Almighty. The plans God makes are wise, and they always succeed! — *Isaiah 28:29 (GNB)*

33) The LORD says: **Don't boast** about your **wisdom** or **strength** or **wealth.**
— *Jeremiah 9:23 (CEV)*

34) Everyone who has been **wise** will **shine** as **bright** as the sky above, and everyone who has **led others to please God** will shine like the stars. — *Daniel 12:3 (CEV)*

35) Jesus became **wise,** and he **grew strong.** God was **pleased with him** and so were the **people.**
— *Luke 2:52 (CEV)*

36) and ask the **God of our Lord Jesus Christ,** the glorious Father, to give you the **Spirit,** who will **make you wise** and **reveal God to you,** so that you will know him. — *Ephesians 1:17 (GNB)*

37) He is the **key** that **opens** all the **hidden treasures** of **God's wisdom** and knowledge.
— *Colossians 2:3 (GNB)*

38) If any of you **need wisdom,** you should **ask God,** and it will be **given to you.** God is **generous** and won't **correct** you for **asking.**
— *James 1:5 (CEV)*

39) Are any of you **wise** or **sensible?** Then **show it** by **living right** and by being **humble** and **wise** in **everything** you **do.**
— *James 3:13 (CEV)*

40) But the **wisdom** that comes from **above** leads us to be **pure, friendly, gentle, sensible, kind, helpful, genuine,** and **sincere.**
— *James 3:17 (CEV)*

Chapter 34
Wisdom for Guidance

Read On: Feb 3rd | Mar 30th | May 25th | July 20th | Sept 14th | Nov 9th

1) Here are proverbs that will help you to **recognize wisdom** and **good advice,** and **understand** sayings with **deep meaning**.
— *Proverbs 1:2 (GNB)*

2) You will **learn** what is **right** and **honest** and **fair**. — *Proverbs 1:3 (CEV)*

3) From these, an ordinary person can **learn** to be **clever,** and **young people** can gain **knowledge** and **good sense**.
— *Proverbs 1:4 (CEV)*

4) These **proverbs** can even add to the **knowledge** of the **wise** and **give guidance** to the **educated**.
— *Proverbs 1:5 (GNB)*

5) **Respect** and **obey** the LORD! This is the beginning of **knowledge**. Only a fool **rejects wisdom** and **good advice**. — *Proverbs 1:7 (CEV)*

6) "How much longer **will you enjoy** being **stupid fools?** Won't you ever stop **sneering** and **laughing** at **knowledge?**
— *Proverbs 1:22 (CEV)*

7) Listen to **what is wise** and try to **understand** it. — *Proverbs 2:2 (GNB)*

8) **Wisdom** is worth more than **silver;** it makes you much **richer** than **gold.** — *Proverbs 3:14 (CEV)*

9) **Wisdom** is more **valuable** than jewels; nothing you could want can **compare** with it.
— *Proverbs 3:15 (GNB)*

10) **Wisdom** offers you **long life,** as well as **wealth** and **honour.** — *Proverbs 3:16 (GNB)*

11) **Wisdom** makes life **pleasant** and **leads** us **safely** along. — *Proverbs 3:17 (CEV)*

12) Wisdom is a **life—giving** tree, the **source** of **happiness** for all who hold on to her. — *Proverbs 3:18 (CEV)*

13) My son, let them not escape from your **sight**, but **keep sound and godly Wisdom** and **discretion.** — *Proverbs 3:21 (AMP)*

14) You will be **praised** if you are **wise**, but you will be **disgraced** if you are a **stubborn fool.** — *Proverbs 3:35 (CEV)*

15) If you love **Wisdom** and don't **reject** her, she will **watch over you.** — *Proverbs 4:6 (CEV)*

16) The beginning of **Wisdom** is: get Wisdom (**skillful** and **godly Wisdom**)! [For skillful and **godly Wisdom** is the **principal thing.**] And with all you have gotten, get **understanding** (discernment, **comprehension,** and **interpretation**). — *Proverbs 4:7 (AMP)*

17) If you **value Wisdom** and hold **tightly** to her, **great honours** will be **yours.** — *Proverbs 4:8 (CEV)*

18) Hold firmly to my **teaching** and never let go. It will mean **life** for you. — *Proverbs 4:13 (CEV)*

19) **Treat** wisdom **as your sister,** and **insight** as your **closest friend.** — *Proverbs 7:4 (GNB)*

20) Leave the company of ignorant people, and **live.** Follow the way of knowledge." — *Proverbs 9:6 (GNB)*

21) For by me [**Wisdom from God**] your days shall be **multiplied,** and the **years of your life** shall be **increased.** — *Proverbs 9:11 (AMP)*

22) These are Solomon's proverbs: **Wise children** make their fathers **proud** of them; foolish ones **bring their mothers grief.** — *Proverbs 10:1 (GNB)*

23) On the lips of him who has **discernment skillful** and **godly Wisdom** is found, but discipline and the rod are for the back of him **who is without sense** and **understanding.** — *Proverbs 10:13 (AMP)*

Scripture Therapy Daily Devotional For Success

24) The **teachings** of the **wise** are a **fountain of life**; they will **help you escape** when your **life** is in **danger**.
— *Proverbs 13:14 (GNB)*

25) **Intelligence wins respect**, but those who can't be **trusted** are on the road to **ruin**. — *Proverbs 13:15 (GNB)*

26) What a joy it is to find just the **right word** for the right **occasion**!
— *Proverbs 15:23 (GNB)*

27) A man of **understanding** sets **skillful** and **godly Wisdom before his face**, but the eyes of a **[self-confident]** fool are on the ends of the earth. — *Proverbs 17:24 (AMP)*

28) A fool **does not care** whether he **understands** a thing or not; all he wants to do is to **show how clever he is.** — *Proverbs 18:2 (GNB)*

29) **Enthusiasm** without **knowledge** is **not good**; **impatience** will get you into **trouble.** — *Proverbs 19:2 (GNB)*

30) Invest in **truth** and **wisdom, discipline** and **good sense,** and don't **part** with them. — *Proverbs 23:23 (CEV)*

31) Homes are **built** on the **foundation** of **wisdom** and **understanding.** — *Proverbs 24:3 (GNB)*

32) **Wisdom** brings **strength**, and **knowledge** gives **power.**
— *Proverbs 24:5 (CEV)*

33) you may be sure that **wisdom is good for the soul.** Get **wisdom** and you have a **bright future.** — *Proverbs 24:14 (GNB)*

34) There is **more hope for a fool** than for someone who says, "I'm really clever!"
— *Proverbs 26:12 (CEV)*

35) A fool quoting a wise **saying** reminds you of a drunk trying to pick a thorn out of his hand. — *Proverbs 26:9 (GNB)*

36) The weight of stone and sand is **nothing compared** to the **trouble** that **stupidity** can **cause.** — *Proverbs 27:3 (GNB)*

37) My child, show good sense! Then I will be happy and able to answer anyone who criticizes me. — *Proverbs 27:11 (CEV)*

38) Rich people always think they are wise, but a poor person who has insight into character knows better. — *Proverbs 28:11 (GNB)*

39) Whoever loves skillful and godly Wisdom rejoices his father, but he who associates with harlots wastes his substance. — *Proverbs 29:3 (AMP)*

Chapter 35
Importance of Tithe & Offerings

Read On: Feb 4th | Mar 31st | May 26th | July 21st | Sept 15th | Nov 10th

1) **Don't fail to give me the offerings** of grain and wine **that belong to me.** Dedicate to me your firstborn sons — *Exodus 22:29 (CEV)*

2) The LORD gave the following regulations to Moses. ¹⁵If anyone **sins** unintentionally **by failing to hand over the payments that are sacred to the LORD,** he shall bring as his **repayment offering** to the LORD a male sheep or goat without any defects. Its value is to be determined according to the official standard. — *Leviticus 5:14–15 (GNB)*

3) He must make the payments **he has failed** to **hand over** and must pay an **additional twenty per cent.** He shall give it to the **priest,** and the priest shall offer the animal **as a sacrifice** for the man's **sin,** and he will be **forgiven.** — *Leviticus 5:16 (GNB)*

4) Ten per cent of **everything you harvest is holy and belongs to me,** whether it grows in your **fields** or on your **fruit trees.**
— *Leviticus 27:30 (CEV)*

5) When you count your flocks and herds, **one out of ten** of every newborn animal is **holy** and **belongs to me,** — *Leviticus 27:32 (CEV)*

6) These are the **commands** that the LORD gave Moses on Mount Sinai for the people of Israel.
— *Leviticus 27:34 (GNB)*

7) The LORD said, "I have given to the Levites every **tithe** that the people of Israel present to me. **This is in payment for their service** in taking care of the **Tent of my presence.**

— *Numbers 18:21 (GNB)*

8) The LORD commanded Moses ²⁶to say to the Levites: "When you receive from the Israelites the tithe that the LORD gives you as your possession, **you must present a tenth** of it as a **special contribution** to the LORD.

— *Numbers 18:25–26 (GNB)*

9) This **special contribution** will be considered as the equivalent of the **offering** which the farmer makes of new corn and new wine.

— *Numbers 18:27 (GNB)*

10) So then, you must **never think** that you **have made yourselves wealthy** by your **own power** and **strength.** ¹⁸Remember that **it is the LORD your God who gives you the power to become rich.** He does this because he is still **faithful today** to the **covenant** he made with your **ancestors.**

— *Deuteronomy 8:17–18 (GNB)*

11) There you are to offer your sacrifices that are to be burnt and your other sacrifices, your **tithes** and your **offerings**, the **gifts** that you **promise** to the LORD, your freewill offerings, and the firstborn of your cattle and sheep. ⁷There, in the presence of the LORD your God, who has **blessed you,** you and your families will eat and **enjoy the good things** that you have **worked** for.

— *Deuteronomy 12:6–7 (GNB)*

12) You shall surely **tithe** all the **yield** of your **seed produced by your field** each year.

— *Deuteronomy 14:22 (AMP)*

13) At the end of every three years you shall bring forth **all the tithe of your increase** the same year and **lay it up within your towns.** ²⁹And the Levite [because he has no part or inheritance with you] and the **stranger** or temporary resident, and the **fatherless** and the **widow** who are in your towns **shall come** and **eat** and be **satisfied,** so that **the Lord your God** may **bless you in all the work of your hands that you do.** — *Deuteronomy 14:28–29 (AMP)*

14) As soon as the order was given, the people of Israel **brought gifts of their finest corn,** wine, olive oil, honey, and other farm produce, and they also brought the **tithes** of **everything they had.** ⁶All the people who lived in the cities of Judah **brought tithes** of their cattle and sheep, and they also brought **large quantities** of **gifts,** which they **dedicated** to the **LORD their God.**
— *2 Chronicles 31:5–6 (GNB)*

15) He was **successful,** because **everything he did for the Temple** or in observance of the law, he did **in a spirit of complete loyalty** and **devotion** to his **God.** — *2 Chronicles 31:21 (GNB)*

16) Honour the **LORD** by making him an **offering** from the **best of all that your land produces.** ¹⁰If you do, **your barns will be filled with grain,** and you will have **too much** wine to be able to **store it all.** — *Proverbs 3:9–10 (GNB)*

17) A son honors his father, and a servant his master. If then I am a Father, **where is My honor?** And if I am a Master, where is the **[reverent] fear due Me?** says the Lord of hosts to you, O priests, who **despise** My name. You say, How and **in what way have we despised Your name?** — *Malachi 1:6 (AMP)*

18) You embarrass me by **offering worthless food on my altar.** Then you ask, "How have we **embarrassed** you?" You have done it **by saying,** "What's so great about the LORD'S altar?" — *Malachi 1:7 (CEV)*

19) When you [priests] **offer blind [animals] for sacrifice,** is it not **evil?** And when you offer the lame and the sick, is it not evil? Present such a thing [a blind or lame or sick animal] now to your **governor** [in payment of your taxes, and **see what will happen**]. Will he be **pleased** with you? Or will he receive you graciously? says the Lord of hosts. — *Malachi 1:8 (AMP)*

20) Now, you priests, **try asking God to be good to us.** He will not answer your **prayer,** and it will be your fault. — *Malachi 1:9 (GNB)*

21) People from **one end of the world** to the other **honour me.** Everywhere they burn incense to me and offer **acceptable sacrifices.** All of them **honour** me! — *Malachi 1:11 (GNB)*

22) A curse on the **cheat** who **sacrifices** a **worthless animal to me,** when he has **in his flock a good animal** that he **promised to give me!** For I am a **great king,** and people of all nations fear me." — *Malachi 1:14 (GNB)*

23) I, the LORD All-Powerful, have something else to say to you priests. ²**You had better take seriously the need to honour my name.** Otherwise, when you give a blessing, I will turn it into a curse. In fact, I have already done this, **because you haven't taken to heart** your **duties** as **priests.** — *Malachi 2:1–2 (CEV)*

24) It is the duty of priests **to teach the true knowledge of God.** People should **go to them to learn my will,** because they are the **messengers of the LORD Almighty.**
— *Malachi 2:7 (GNB)*

25) But you have turned your backs on me. **Your teachings have led others** to do **sinful things,** and you have **broken** the **agreement** I made with your **ancestor** Levi.
— *Malachi 2:8 (CEV)*

26) Therefore have I also made you despised and abased before all the people inasmuch as you have not **kept my ways** but have **shown favoritism** to **persons** in your **administration** of the **law [of God]**. — *Malachi 2:9 (AMP)*

27) For **I am the Lord**, I do not **change**; that is why you, O sons of Jacob, are not consumed. — *Malachi 3:6 (AMP)*

28) even though you have **ignored** and **disobeyed** my **laws** ever since the time of your ancestors. **But if you return to me, I will return to you.** And yet you ask, "How can we return?" — *Malachi 3:7 (CEV)*

29) I ask you, **is it right for a person to cheat God?** Of course not, **yet you are cheating me.** 'How?' You ask. In the matter of **tithes and offerings.** ⁹A curse is on all of you because **the whole nation is cheating me.** — *Malachi 3:8–9 (GNB)*

30) Bring all the tithes **(the whole tenth of your income)** into the storehouse, that there may be **food in My house, and prove Me now by it,** says the Lord of hosts, if I will not **open the windows of heaven for you** and **pour you out a blessing,** that there shall not be room enough to receive it. — *Malachi 3:10 (AMP)*

31) And I will **rebuke the devourer [insects and plagues] for your sakes** and he shall not **destroy** the **fruits of your ground,** neither shall your vine drop its fruit **before the time** in the field, says the Lord of hosts. — *Malachi 3:11 (AMP)*

32) And all nations **shall call you happy** and **blessed,** for you shall be a **land of delight,** says the Lord of hosts. — *Malachi 3:12 (AMP)*

33) Ananias and his wife Sapphira also sold a piece of property. ²**But they agreed to cheat and keep some of the money for themselves.** So when Ananias took the rest of the money to the apostles, —*Acts 5:1–2 (CEV)*

34) Peter said, "Why has Satan made you **keep back** some of the money from the sale of the property? **Why have you lied to the Holy Spirit?** ⁴The property was yours before you sold it, and even after you sold it, the money was still yours. **What made you do such a thing? You didn't lie to people. You lied to God!"**
—*Acts 5:3–4 (CEV)*

SECTION 4

Scripture Therapy™ to Help Overcome
Relationship Issues

TOPICS

Chapter 36: *Loving People*
Chapter 37: *Having Children*
Chapter 38: *Being a Good Friend*
Chapter 39: *Being a Good Husband*
Chapter 40: *Being a Good Wife*
Chapter 41: *Expressing Romantic Love*
Chapter 42: *Grieving the Loss of a Loved One*

Chapter 36
Loving People

Read On: Feb 5th | April 1st | May 27th | July 22nd | Sept 16th | Nov 11th

1) Stop being angry and don't try to take **revenge**. I am the LORD, and I command you to **love** others as much as you love **yourself**. — *Leviticus 19:18 (CEV)*

2) The **LORD** is your **God**, so you must always **love him** and obey his **laws** and **teachings**.
— *Deuteronomy 11:1 (CEV)*

3) Hatred stirs up **trouble**; love **overlooks** the **wrongs** that others do.
— *Proverbs 10:12 (CEV)*

4) But I am giving you a **new command**. You must **love each other**, just as **I have loved you**.
— *John 13:34 (CEV)*

5) By this shall all [men] **know** that you are My **disciples**, if you **love one another** [if you keep on **showing love** among yourselves].
— *John 13:35 (AMP)*

6) Now I tell you to **love each other**, as **I have loved you**. — *John 15:12 (CEV)*

7) Love must be completely **sincere**. Hate what is evil, **hold on to what is good**. — *Romans 12:9 (GNB)*

8) Love one another **warmly** as **Christian** brothers and sisters, and be eager to show **respect** for one another.
— *Romans 12:10 (GNB)*

9) Let **love** be your only debt! If you **love others**, you have done all that the Law **demands**.
— *Romans 13:8 (CEV)*

10) The **commandments**, "Do not commit **adultery**; do not commit **murder**; do not steal; do not **desire** what **belongs** to someone else"— all these, and any others besides, are summed up in the one command, **"Love your neighbour as you love yourself."** — *Romans 13:9 (GNB)*

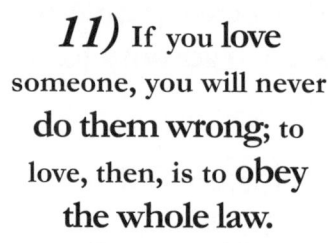

Scripture Therapy Daily Devotional For Success

11) If you **love** someone, you will never **do them wrong**; to love, then, is to **obey the whole law.**
— *Romans 13:10 (GNB)*

12) We should **think about** others and not about **ourselves.**
— *1 Corinthians 10:24 (CEV)*

13) What if **I gave away** all that I owned and let myself be burned alive? I would gain nothing, **unless I loved others.** — *1 Corinthians 13:3 (CEV)*

14) Love is **kind** and **patient,** never **jealous, boastful, proud,** or [5]**rude.** Love isn't **selfish** or quick-**tempered.** It doesn't keep a **record** of wrongs that others do. — *1 Corinthians 13:4–5 (CEV)*

15) Love is always **supportive, loyal, hopeful,** and **trusting.**
— *1 Corinthians 13:7 (CEV)*

16) Let everything you do **be done in love** (true love to God and man as **inspired by God's love for us).**
— *1 Corinthians 16:14 (AMP)*

17) As for you, my brothers and sisters, you were called to be free. But **do not let** this **freedom** become an **excuse** for letting your **physical desires control** you. Instead, let **love** make you **serve** one another. — *Galatians 5:13 (GNB)*

18) Your **life** must be **controlled by love,** just as **Christ loved us** and gave **his life** for us as a sweet—smelling offering and **sacrifice** that **pleases** God. — *Ephesians 5:2 (GNB)*

19) Men ought to **love their wives** just as they love **their own** bodies. A man who **loves his wife** loves **himself.** — *Ephesians 5:28 (GNB)*

20) Fathers, do not **irritate** and **provoke** your **children** to anger [do not exasperate them to **resentment**], but rear them [**tenderly**] in the **training** and **discipline** and the **counsel** and **admonition** of the **Lord**. — *Ephesians 6:4 (AMP)*

21) You are the **people of God**; he **loved** you and **chose** you for **his own**. So then, you must clothe yourselves with **compassion, kindness, humility, gentleness,** and **patience.** — *Colossians 3:12 (GNB)*

22) Be **tolerant** with one another and **forgive** one another whenever any of you has a **complaint** against someone else. You must **forgive** one another just as the Lord has **forgiven** you. — *Colossians 3:13 (GNB)*

23) Love is more **important** than anything else. It is what **ties** everything **completely together.** — *Colossians 3:14 (CEV)*

24) A **husband** must **love his wife** and not **abuse** her. — *Colossians 3:19 (CEV)*

25) May the Lord make your **love for one another** and for **all people** grow more and more and become as great as our **love for you.** — *1 Thessalonians 3:12 (GNB)*

26) We don't have to write to you about the need to **love each other.** God has **taught** you to **do this.** — *1 Thessalonians 4:9 (CEV)*

27) Don't be **hateful** to people, just because they are **hateful to you.** Rather, be **good** to each other and to **everyone** else. — *1 Thessalonians 5:15 (CEV)*

28) The purpose of this order is to arouse the love that comes from a **pure heart**, a clear **conscience**, and a **genuine faith.** — *1 Timothy 1:5 (GNB)*

29) Let us be **concerned** for one another, to **help one another** to show love and to do good. — *Hebrews 10:24 (GNB)*

30) Keep on **loving one another** as **Christian** brothers and sisters. — *Hebrews 13:1 (GNB)*

31) Since by your obedience to the Truth through the [Holy] Spirit you have purified your hearts for the sincere affection of the brethren, [see that you] love one another fervently from a pure heart. — *1 Peter 1:22 (AMP)*

32) Respect everyone and show special love for God's people. Honour God and respect the Emperor. — *1 Peter 2:17 (CEV)*

33) Finally, all of you should agree and have concern and love for each other. You should also be kind and humble. — *1 Peter 3:8 (CEV)*

34) Don't be hateful and insult people just because they are hateful and insult you. Instead, treat everyone with kindness. You are God's chosen ones, and he will bless you. The Scriptures say, — *1 Peter 3:9 (CEV)*

35) Most important of all, you must sincerely love each other, because love wipes away many sins. — *1 Peter 4:8 (CEV)*

36) My children, our love should not be just words and talk; it must be true love, which shows itself in action. — *I John 3:18 (GNB)*

37) Beloved, let us love one another, for love is (springs) from God; and he who loves [his fellowmen] is begotten (born) of God and is coming [progressively] to know and understand God [to perceive and recognize and get a better and clearer knowledge of Him]. — *1 John 4:7 (AMP)*

38) No one has ever seen God. But if we love each other, God lives in us, and his love is truly in our hearts. — *1 John 4:12 (CEV)*

39) Love means that we do what God tells us. And from the beginning, he told you to love him. — *2 John 1:6 (CEV)*

Chapter 37
Having Children

Read On: Feb 6th | April 2nd | May 28th | July 23rd | Sept 17th | Nov 12th

1) Adam named his wife **Eve,** because she was the **mother** of all **human beings.** — *Genesis 3:20 (GNB)*

2) And Isaac **prayed** much to the Lord for his wife because she was **unable to bear children;** and the Lord **granted his prayer,** and Rebekah his wife became **pregnant.** — *Genesis 25:21 (AMP)*

3) When Esau noticed the women and **children** he asked, "**Whose children are these?**" Jacob answered, "**These are the ones the LORD has been kind enough to give to me,** your servant." — *Genesis 33:5 (CEV)*

4) You shall **serve** the **Lord** your God; He shall **bless** your **bread** and water, and I will take **sickness** from your **midst.** — *Exodus 23:25 (AMP)*

5) None shall **lose her young by miscarriage** or be **barren** in your land; I will **fulfill** the number of your **days.** — *Exodus 23:26 (AMP)*

6) You shall therefore **keep** and do the **instruction,** laws, and precepts which **I command** you this day. — *Deuteronomy 7:11 (AMP)*

7) And if you **hearken** to these precepts and **keep and do them,** the Lord your God will **keep** with you the **covenant** and the **steadfast love** which He **swore** to your **fathers.** — *Deuteronomy 7:12 (AMP)*

8) And He will **love you, bless** you, and **multiply** you; He will also **bless the fruit of your body** and the fruit of your **land,** your **grain,** your **new wine,** and your oil, the **increase** of your **cattle** and the **young** of your **flock** in the land which He **swore** to your fathers to give you. — *Deuteronomy 7:13 (AMP)*

9) You shall be **blessed** above all peoples; there shall not be **male or female barren among you,** or among your **cattle.**
— *Deuteronomy 7:14 (AMP)*

10) The LORD will **protect** you from all **sickness,** and he will **not** bring on you any of the dreadful **diseases** that you experienced in Egypt, but he will bring them on all your **enemies.**
— *Deuteronomy 7:15 (GNB)*

11) If you **obey** the LORD your God and **faithfully** keep all his **commands** that I am giving you **today,** he will make you **greater** than any other **nation** on earth. ²**Obey** the LORD your God and all these **blessings** will be **yours.** — *Deuteronomy 28:1–2 (GNB)*

12) You will have many children. You will **harvest large crops,** and your herds of **cattle** and flocks of **sheep** and **goats will produce many young.** ⁵You will have **plenty of bread to eat.** ⁶The LORD will make you **successful** in your **daily work.**
— *Deuteronomy 28:4—6 (CEV)*

13) The LORD will **give you a lot of children** and make sure that your animals **give birth to many young.** The LORD **promised** your ancestors that this land **would be yours,** and he will make it produce **large crops** for you. — *Deuteronomy 28:11 (CEV)*

14) And [Hannah] was in **distress** of soul, **praying to the Lord** and weeping bitterly. — *1 Samuel 1:10 (AMP)*

15) She **vowed,** saying, O Lord of hosts, if You will indeed **look on the affliction of Your handmaid** and [earnestly] remember, and not forget Your handmaid but will **give me a son,** I will **give him to the Lord** all his life; no razor shall touch his head.
— *1 Samuel 1:11 (AMP)*

16) **I asked him for this child,** and he gave me what I asked for. ²⁸So I am dedicating him to the LORD. As long as he lives, he will belong to the LORD." Then they worshipped the Lord there.
— *1 Samuel 1:27-28 (GNB)*

17) Hannah prayed: "The LORD has **filled my heart with joy;** how **happy** I am because of what he has done! I laugh at my enemies; how joyful I am because God has helped me! — *1 Samuel 2:1 (GNB)*

18) The LORD was **kind to Hannah,** and she had **three more sons** and **two daughters**. But Samuel grew up at the LORD'S **house** in Shiloh. — *1 Samuel 2:21 (CEV)*

19) Praise the LORD! You **servants** of the LORD, **praise his name!** ²May his name be **praised,** now and for ever. — *Psalm 113:1-2 (GNB)*

20) He **honours** the **childless wife** in her home; he makes her **happy** by giving her **children**. Praise the LORD! — *Psalm 113:9 (GNB)*

21) **Children** are a **gift** from the LORD; they are a real **blessing**. — *Psalm 127:3 (GNB)*

22) The **sons** a man has when he is young are like arrows in a soldier's hand ⁵**Happy** is the man who has **many** such arrows. He will **never be defeated** when he meets his **enemies** in the place of judgement. — *Psalm 127:4-5 (GNB)*

23) The LORD will **bless** you if you **respect** him and **obey** his laws. ²Your fields will **produce**, and you will be **happy** and all will **go well**. — *Psalm 128:1-2 (CEV)*

24) Your **wife** will be as **fruitful** as a grapevine, and just as an olive tree is rich with olives, your **home** will be **rich with healthy children**. — *Psalm 128:3 (CEV)*

25) May you **live long enough to see your grandchildren**. Let's pray for **peace** in Israel! — *Psalm 128:6 (CEV)*

26) Grandparents are **proud of their grandchildren,** just as children are **proud** of their **parents.** — *Proverbs 17:6 (GNB)*

27) Teach your children right from wrong, and when they are grown they will **still do right.**
— *Proverbs 22:6 (CEV)*

28) Correction and **discipline** are **good** for **children.** If they have their **own way,** they will make their **mothers ashamed** of them.
— *Proverbs 29:15 (GNB)*

29) God made everything, and you can no more **understand what he does** than you understand how **new life** begins in the **womb** of a **pregnant woman.** — *Ecclesiastes 11:5 (GNB)*

30) A child has been **born** for us. We have been given a **son** who will be our **ruler.** His **names** will be **Wonderful Adviser** and **Mighty God, Eternal Father** and **Prince of Peace.** — *Isaiah 9:6 (CEV)*

31) But the angel said to him, "Don't be afraid Zechariah! **God has heard your prayer,** and your wife Elizabeth will **bear you a son.** You are to **name him** John. [14]How **glad** and **happy** you will be, and how **happy many others** will be **when he is born!** — *Luke 1:13-14 (GNB)*

32) Then the angel told Mary, "**Don't be afraid!** God is **pleased** with you, [31]and **you will have a son.** His name will be **Jesus.** [32]He will be **great** and will be called the **Son of God Most High.** The Lord God will make him **king,** as his ancestor David was. — *Luke 1:30-32 (CEV)*

33) Then in a loud voice she said to Mary: God has blessed you more than any other woman! **He has also blessed the child you will have.**
— *Luke 1:42 (CEV)*

34) Everyone who heard of it thought about it and asked, "What is this child going to be?" For it was plain that the **Lord's power was upon him.** — *Luke 1:66 (GNB)*

35) as it is written in the law of the Lord: "**Every first born male** is to be **dedicated** to the **Lord.**" — *Luke 2:23 (GNB)*

36) Nevertheless [the sentence put upon women of pain in motherhood does not hinder their souls' salvation, and] **they will be saved** [eternally] if they **continue in faith** and **love** and **holiness** with **self-control,** [saved indeed] **through the Childbearing** or by **the birth of the divine Child.** — *1 Timothy 2:15 (AMP)*

37) Now **faith** is the **assurance** (the **confirmation,** the **title deed**) of the **things** [we] **hope** for, being the **proof** of **things** [we] **do not see** and the **conviction** of their **reality** [faith **perceiving as real fact** what is not revealed **to the senses**]. — *Hebrews 11:1 (AMP)*

38) It was by their **faith** that people of ancient times **won God's approval.** — *Hebrews 11:2 (GNB)*

39) Because of **faith** also Sarah herself **received physical power to conceive a child,** even when she was long **past the age for it,** because she considered [**God**] Who had given her the **promise** to be **reliable** and **trustworthy** and **true to His word.** — *Hebrews 11:11 (AMP)*

40) So from **one man,** though he was physically as good as dead, **there have sprung descendants** whose number is as the stars of heaven and as **countless** as the **innumerable** sands on the seashore. — *Hebrews 11:12 (AMP)*

Chapter 38
Being a Good Friend

Read On: Feb 7th | April 3rd | May 29th | July 24th | Sept 18th | Nov 13th

1) Anyone who **hides hatred** is a **liar**. Anyone who **spreads gossip** is a fool. — *Proverbs 10:18 (GNB)*

2) It's stupid to **say bad things** about your **neighbours**. If you are **sensible**, you will **keep quiet**. — *Proverbs 11:12 (CEV)*

3) It's a **dangerous** thing to **guarantee payment** for someone's **debts**. Don't do it! — *Proverbs 11:15 (CEV)*

4) **Wise friends** make you **wise**, but you hurt **yourself** by going around with **fools**. — *Proverbs 13:20 (CEV)*

5) **Stay away** from **foolish** people; they have nothing to **teach you**. — *Proverbs 14:7 (GNB)*

6) A **gentle** answer quietens **anger**, but a **harsh** one stirs it **up**. — *Proverbs 15:1 (GNB)*

7) A simple meal with **love** is better than a **feast** where there is **hatred**. — *Proverbs 15:17 (CEV)*

8) **Smiling faces** make you **happy**, and **good news** makes you feel **better**. — *Proverbs 15:30 (GNB)*

9) If you want people to **like** you, **forgive** them when they **wrong** you. Remembering **wrongs** can **break up a friendship**. — *Proverbs 17:9 (GNB)*

10) A **friend** is always a **friend**, and **relatives** are born to **share** our **troubles**. — *Proverbs 17:17 (CEV)*

11) People who **do not get along with others** are interested only in **themselves**; they will **disagree** with what everyone else knows it **right**. — *Proverbs 18:1 (GNB)*

12) A **gift** will get you **in** to **see** anyone. — *Proverbs 18:16 (CEV)*

Scripture Therapy Daily Devotional For Success

13) Making up with a **friend** you have **offended** is harder than breaking through a city wall. — *Proverbs 18:19 (CEV)*

14) Some friends **don't help**, but a **true friend** is **closer** than your own family. — *Proverbs 18:24 (CEV)*

15) The rich have many friends; the **poor** have **none**. — *Proverbs 19:4 (CEV)*

16) Everyone tries to gain the favour of important people; everyone claims the friendship of those who **give out favours.** — *Proverbs 19:6 (GNB)*

17) Even the **relatives** of a **poor person** have no **use** for him; no wonder he has no **friends**. No matter how **hard** he tries, he **cannot** win any. — *Proverbs 19:7 (GNB)*

18) You may **inherit** all you own from your parents, but a **sensible wife** is a **gift** from the LORD. — *Proverbs 19:14 (CEV)*

19) There are many who say, "You can **trust** me!" But can they be **trusted?** — *Proverbs 20:6 (CEV)*

20) You **deserve** to lose your coat if you **loan** it to someone to **guarantee payment** for the **debt** of a **stranger.** — *Proverbs 20:16 (CEV)*

21) Don't make **friends** with anyone who has a **bad temper.** — *Proverbs 22:24 (CEV)*

22) You might **learn** their **habits** and not be able to **change.** — *Proverbs 22:25 (GNB)*

23) Don't **accept** an invitation to eat a **selfish person's food**, no matter how **good** it is. — *Proverbs 23:6 (CEV)*

24) People like that take note of **how much you eat.** They say, "Take all you want!" **But they don't mean it.** — *Proverbs 23:7 (CEV)*

25) Don't be **envious** of evil people and don't try to **make friends** with them.
— *Proverbs 24:1 (GNB)*

26) An **honest** answer is a **sign** of **true friendship**.
— *Proverbs 24:26 (GNB)*

28) Don't visit friends **too often,** or they will get **tired** of it and start **hating** you.
— *Proverbs 25:17 (CEV)*

27) When you and someone else **can't get along,** don't **gossip** about it. — *Proverbs 25:9 (CEV)*

29) Telling **lies** about **friends** is like **attacking them** with clubs and swords and **sharp arrows**.
— *Proverbs 25:18 (CEV)*

30) A friend you **can't trust** in times of **trouble** is like having a **toothache** or a **sore foot**. — *Proverbs 25:19 (CEV)*

31) Singing to a person who is **depressed** is like taking off his clothes on a **cold day** or like rubbing **salt** in a **wound**.
— *Proverbs 25:20 (GNB)*

32) A hypocrite **hides hatred** behind **flattering** words. ²⁵They may sound **fine,** but don't **believe** him, because his **heart** is filled to the brim with **hate**.
— *Proverbs 26:24-25 (GNB)*

33) The sweet smell of incense can make you feel good, but **true friendship is better still**.
— *Proverbs 27:9 (CEV)*

34) Your own **friend** and your **father's friend,** forsake them **not;** neither go to your **brother's house in the day of** your **calamity**. Better is a **neighbor** who is **near [in spirit]** than a brother who is **far off [in heart]**. — *Proverbs 27:10 (AMP)*

35) Just as **iron sharpens iron,** friends **sharpen** the **minds** of each **other**.
— *Proverbs 27:17 (CEV)*

36) To have **respect of persons** and to **show partiality** is not **good,** neither is it good that man should **transgress** for a piece of bread.
— *Proverbs 28:21 (AMP)*

37) If you flatter your friends, you set a trap for yourself. — *Proverbs 29:5 (GNB)*

38) You are **better off** having a **friend** than being all **alone**, because then you will get more **enjoyment** out of what you **earn**. — *Ecclesiastes 4:9 (CEV)*

Chapter 39
Being a Good Husband

Read On: Feb 8th | April 4th | May 30th | July 25th | Sept 19th | Nov 14th

1) Then the LORD God said, "It is **not good** for the **man to live alone.** I will make a **suitable companion** to **help** him." — *Genesis 2:18*

2) Never let go of **loyalty** and **faithfulness.** Tie them round your neck; write them **on your heart.** — *Proverbs 3:3 (GNB)*

3) So be **happy** with your **wife** and find your **joy** with the **woman** you **married.** — *Proverbs 5:18 (GNB)*

4) A **helpful wife** is a **jewel** for her **husband,** but a **shameless wife** will make his bones **rot.** — *Proverbs 12:4 (CEV)*

6) You may **inherit** all you own from your parents, but a **sensible wife** is a **gift** from the **Lord.** — *Proverbs 19:14 (CEV)*

5) A **man's greatest treasure is his wife** — she is a **gift** from the **LORD.** — *Proverbs 18:22 (CEV)*

7) That which is **desired** in a **man** is **loyalty** and **kindness** [and his glory and delight are his giving], but a **poor** man is **better** than a **liar.** — *Proverbs 19:22 (AMP)*

8) **Adultery** is a **trap** – it **catches** those with whom the LORD is **angry.** — *Proverbs 22:14 (GNB)*

9) **Prostitutes** and **immoral** women are a **deadly trap.** — *Proverbs 23:27 (GNB)*

10) **They** wait for **you** like robbers and **cause** many men to be **unfaithful.** — *Proverbs 23:28 (GNB)*

11) Her husband **depends on her,** and she never **lets him down.** — *Proverbs 31:11 (CEV)*

12) **Two** are **better off than one,** because **together** they can work more **effectively.**
— *Ecclesiastes 4:9 (GNB)*

13) If one of them **falls down,** the other can **help him up.** But if someone is **alone** and **falls,** it's just **too bad,** because there is no one to **help him.**
— *Ecclesiastes 4:10 (GNB)*

14) Live **joyfully** with the **wife** whom you **love** all the **days** of your vain life which He has given you under the sun-all the days of futility. For that is your **portion in this life** and in your work at which you **toil** under the sun. — *Ecclesiastes 9:9 (AMP)*

15) Didn't God create you **to become** like **one person** with your **wife?** And why did he do this? It was so you would have **children,** and then **lead** them to **become** God's people. Don't ever be **unfaithful to your wife.** — *Malachi 2:15 (CEV)*

16) "**I hate divorce,**" says the LORD God of Israel. "**I hate it** when one of you does such a **cruel** thing to his **wife.** Make sure that you do not **break your promise** to be **faithful** to your **wife.**"
— *Malachi 2:16 (GNB)*

17) And said, For this reason a man shall **leave his father and mother** and shall be **united firmly** (joined **inseparably**) to his **wife,** and the two **shall become one flesh?** — *Matthew 19:5 (AMP)*

18) So they are **no longer two,** but **one.** No **human being** must **separate,** then, what **God** has **joined together.**"
— *Matthew 19:6 (GNB)*

19) Do not **judge others,** and God will not **judge you;** do not **condemn** others, and God will not **condemn you; forgive** others, and God will **forgive you.** — *Luke 6:37 (GNB)*

20) You know that your **bodies** are **parts of the body of** Christ. Shall I take a part of **Christ's body** and make it part of the body of a **prostitute? Impossible!**
— *I Corinthians 6:15 (GNB)*

21) Well, having your **own husband** or **wife** should **keep you** from doing something **immoral**.
— *1 Corinthians 7:2 (CEV)*

22) A **man** should **fulfill his duty** as a **husband,** and a **woman** should **fulfill her duty as a wife,** and each should **satisfy** the other's **needs**.
— *I Corinthians 7:3 (GNB)*

23) For the **wife** does not have [exclusive] **authority** and control **over her own body,** but the husband [**has his rights**]; likewise also the **husband does not have** [exclusive] authority and control **over his body,** but the wife [**has her rights**]. — *1 Corinthians 7:4 (AMP)*

24) But if you **cannot restrain your desires,** go ahead and **marry** - it is **better** to marry than to **burn with passion.**
— *I Corinthians 7:9 (GNB)*

25) In the case of an **engaged couple** who have decided not to marry: if the man feels that **he is not acting properly towards the young woman** and if his **passions** are **too strong** and he feels that they **ought to marry,** then they should **get married,** as he wants to. There is no sin in this. — *I Corinthians 7:36 (GNB)*

26) Love is **patient** and **kind,** it is not **jealous** or **conceited** or **proud.**
— *I Corinthians 13:4 (GNB)*

27) rude. Love isn't **selfish** or **quick tempered.** It doesn't keep a **record** of **wrongs** that others do.
— *1 Corinthians 13:5 (CEV)*

28) Instead, be **kind** and **merciful,** and **forgive** others, just as God **forgave** you because of Christ.
— *Ephesians 4:32 (CEV)*

29) A **husband** is the **head** of his **wife,** as Christ is the **head** and the **Saviour** of the **church,** which is his own **body.** — *Ephesians 5:23 (CEV)*

30) Husbands, love your wives just as Christ loved the church and gave his life for it. — *Ephesians 5:25 (GNB)*

31) Men ought to love their wives just as they love their own bodies. A man who loves his wife loves himself. — *Ephesians 5:28 (GNB)*

32) Parents, don't be hard on your children. Raise them properly. Teach them and instruct them about the Lord. — *Ephesians 6:4 (CEV)*

33) A husband must love his wife and not abuse her. — *Colossians 3:19 (CEV)*

34) People who don't take care of their relatives, and especially their own families, have given up their faith. They are worse than someone who doesn't have faith in the Lord. — *1 Timothy 5:8 (CEV)*

35) And the servant of the Lord must not be quarrelsome (fighting and contending). Instead, he must be kindly to everyone and mild—tempered [preserving the bond of peace]; he must be a skilled and suitable teacher, patient and forbearing and willing to suffer wrong. — *2 Timothy 2:24 (AMP)*

36) He must correct his opponents with courtesy and gentleness, in the hope that God may grant that they will repent and come to know the Truth [that they will perceive and recognize and become accurately acquainted with and acknowledge it], — *2 Timothy 2:25 (AMP)*

37) they must have a good reputation and be faithful in marriage. Their children must be followers of the Lord and not have a reputation for being wild and disobedient. — *Titus 1:6 (CEV)*

38) Have respect for marriage. Always be **faithful** to your **partner**, because God will **punish** anyone who is **immoral** or **unfaithful** in **marriage**. — *Hebrews 13:4 (CEV)*

39) In the same way you **married men** should live **considerately** with [your **wives**], with an **intelligent recognition** [of the marriage relation], **honoring** the **woman** as [physically] the **weaker**, but [realizing that you] are **joint heirs** of the **grace** (God's unmerited favor) **of life**, in order that your **prayers** may not be **hindered** and cut off. [Otherwise you cannot **pray effectively**.] — *1 Peter 3:7 (AMP)*

40) Give a kind and respectful answer and keep your conscience clear. This way you will make people ashamed for saying **bad things** about your **good conduct** as a **follower of Christ**.
— *1 Peter 3:16 (CEV)*

Chapter 40
Being a Good Wife

Read On: Feb 9th | April 5th | May 31st | July 26th | Sept 20th | Nov 15th

1) "The LORD will bless you with many children, with abundant crops, and with many cattle and sheep. — *Deuteronomy 28:4 (GNB)*

2) A gracious woman will be respected, but a man must work hard to get rich. — *Proverbs 11:16 (CEV)*

3) A good wife is her husband's pride and joy; but a wife who brings shame on her husband is like a cancer in his bones. — *Proverbs 12:4 (GNB)*

4) A woman's family is held together by her wisdom, but it can be destroyed by her foolishness. — *Proverbs 14:1 (CEV)*

5) He who finds a [true] wife finds a good thing and obtains favor from the Lord. — *Proverbs 18:22 (AMP)*

6) A man can inherit a house and money from his parents, but only the LORD can give him a sensible wife. — *Proverbs 19:14 (GNB)*

7) Better to live on the roof than share the house with a nagging wife. — *Proverbs 21:9 (GNB)*

8) It's better out in the desert than at home with a nagging, complaining wife. — *Proverbs 21:19 (CEV)*

9) A capable, intelligent, and virtuous woman—who is he who can find her? She is far more precious than jewels and her value is far above rubies or pearls. — *Proverbs 31:10 (AMP)*

10) She opens her mouth in skillful and godly Wisdom, and on her tongue is the law of kindness [giving counsel and instruction]. — *Proverbs 31:26 (AMP)*

11) Charm is **deceptive** and **beauty disappears,** but a woman who **honours** the LORD should be **praised.**
— *Proverbs 31:30 (GNB)*

12) "If you **forgive** others the **wrongs** they have done **to you,** your Father in heaven will also **forgive** you. — *Matthew 6:14 (GNB)*

14) So they are **no longer two,** but **one.** No human being must **separate,** then, what **God** has **joined together."**
— *Matthew 19:6 (GNB)*

13) And God said, 'For this reason a man **will leave** his **father** and **mother** and **unite** with his **wife,** and the two will become **one.'**— *Matthew 19:5 (GNB)*

15) If a **family divides itself** into groups which **fight each other,** that family will **fall apart.**
— *Mark 3:25 (GNB)*

16) Then in a loud voice she said to Mary: **God has blessed you** more than any other woman! He has also **blessed the child you will have.**
— *Luke 1:42 (CEV)*

17) Do not **judge others,** and God will not **judge you**; do not **condemn** others, and God will not **condemn** you; **forgive** others, and God will **forgive** you.
— *Luke 6:37 (GNB)*

18) But because there is so much **immorality,** every man **should have his own wife,** and every woman **should have her own husband.**
— *I Corinthians 7:2 (GNB)*

19) For the wife does not have [exclusive] **authority** and **control** over her own body, but the husband [has his rights]; likewise also the **husband** does not have [exclusive] **authority** and **control** over his body, but the **wife** [has her rights]. — *1 Corinthians 7:4 (AMP)*

20) So don't **refuse sex to each other,** unless you agree not to have sex for a little while, in order to spend time in prayer. Then Satan **won't be able to tempt you** because of your **lack of self—control.** — *1 Corinthians 7:5 (CEV)*

21) I instruct married couples to **stay together,** and this is **exactly what the Lord himself taught.** A wife who leaves her husband. — *1 Corinthians 7:10 (CEV)*

22) So he is pulled in two directions. **Unmarried women** and women who have never been married **worry only about pleasing the Lord,** and they **keep their bodies and minds pure.** But a **married woman** worries about the things of this world, because she wants to **please her husband.** — *1 Corinthians 7:34 (CEV)*

23) As far as the **Lord** is concerned, **men and women need each other.** — *1 Corinthians 11:11 (CEV)*

24) Wives, **submit** to your husbands **as to the Lord.** — *Ephesians 5:22 (GNB)*

25) As the **church** is subject to **Christ,** so let wives also **be subject in everything** to their **husbands.** — *Ephesians 5:24 (AMP)*

26) You are **God's** people, so don't let it be said that **any** of you are **immoral** or **indecent** or **greedy.** — *Ephesians 5:3 (CEV)*

27) Wives, submit to your husbands, for that is what you should do **as Christians.** — *Colossians 3:18 (GNB)*

28) See that no one **pays back wrong for wrong,** but at all times make it your **aim** to do good to **one another** and to **all people.** — *1 Thessalonians 5:15 (GNB)*

29) Women who **claim** to love **God** should do **helpful** things for **others,** — *1 Timothy 2:10 (CEV)*

30) Women must also be **serious.** They must not **gossip** or be **heavy drinkers,** and they must be **faithful** in **everything** they do. — *1 Timothy 3:11 (CEV)*

31) So that they will **wisely train the young women** to be sane and **sober** of **mind** (temperate, **disciplined**) and to **love** their **husbands** and their **children,** — *Titus 2:4 (AMP)*

32) To be **self-controlled** and **pure**, and to be **good housewives** who **submit to their husbands**, so that no one will speak **evil** of the **message** that comes **from God.** — *Titus 2:5 (GNB)*

33) Marriage is to be honoured by all, and **husbands** and **wives** must be **faithful** to each other. God will **judge** those who are **immoral** and those who commit **adultery.** — *Hebrews 13:4 (GNB)*

34) In the same way you **wives** must submit to your **husbands**, so that if any of them **do not believe** God's word, your **conduct will win them over to believe**. It will not be **necessary** for you to **say a word.** — *1 Peter 3:1 (GNB)*

35) because he will **see how you honour** God and live a **pure life.** — *1 Peter 3:2 (CEV)*

36) Be beautiful in your heart by being **gentle** and **quiet**. This kind of **beauty** will **last**, and God considers it **very special.** — *1 Peter 3:4 (CEV)*

37) Long ago those **women** who **worshiped** God and put their hope in him **made themselves beautiful by putting their husbands first.** — *1 Peter 3:5 (CEV)*

38) It was thus that **Sarah** obeyed Abraham [**following** his **guidance** and **acknowledging** his **headship** over **her by**] calling him lord (**master, leader, authority**). And you are now her true daughters if you do **right** and **let nothing terrify you** [not giving way to **hysterical fears** or letting **anxieties unnerve you**]. — *1 Peter 3:6 (AMP)*

39) Give a **kind** and **respectful** answer and keep your conscience **clear**. This way you will make people ashamed **for saying bad things** about your **good conduct** as a follower of **Christ**.
— *1 Peter 3:16 (CEV)*

40) Most important of all, you must **sincerely love each other,** because love **wipes away** many sins. — *1 Peter 4:8 (CEV)*

Chapter 41
Expressing Romantic Love

Read On: Feb 10th | April 6th | June 1st | July 27th | Sept 21st | Nov 16th

1) **Let him kiss me with the kisses of his mouth!** [she cries. Then, realizing that Solomon has arrived and has heard her speech, she turns to him and adds] **For your love is better than wine!**
— *Song of Solomon 1:2 (AMP)*

2) and you **smell so sweet.** All the young women **adore** you; the very mention of your **name** is like spreading perfume.
— *Song of Solomon 1:3 (CEV)*

3) **Take me with you,** and we'll run away; **be my King** and take me to your room. We will be **happy together,** drink deep, and **lose ourselves in love.** No wonder all women love you!
— *Song of Songs 1:4 (GNB)*

4) **My lover** has the **scent** of myrrh as he lies upon my breasts. — *Song of Songs 1:13 (GNB)*

5) How **beautiful** you are, **my love;** how your **eyes** shine with **love!**
— *Song of Songs 1:15 (GNB)*

6) My love, **you are handsome,** truly handsome — the fresh green grass will be our **wedding bed.**
— *Song of Songs 1:16 (CEV)*

7) My **darling,** when **compared** with other young women, **you are a lily among thorns.**
— *Song of Songs 2:2 (CEV)*

8) And you, **my love,** are an apple tree among trees of the forest. **Your shade brought me pleasure; your fruit was sweet.**
— *Song of Songs 2:3 (CEV)*

9) **He brought me** to the banqueting house, and his **banner over me was love** [for love waved as a **protecting** and **comforting** banner **over my head** when I was **near him**]. — *Song of Solomon 2:4 (AMP)*

187

10) Sustain me with raisins, refresh me with apples, **for I am sick with love.** — *Song of Solomon 2:5 (AMP)*

11) His left **hand is under my head,** and his right hand **caresses me.** — *Song of Songs 2:6 (GNB)*

12) Asleep on my bed, **night after night I dreamt of the one I love;** I was **looking for him,** but couldn't find him. — *Song of Songs 3:1 (GNB)*

13) Straight after that, **I found him. I held** him and **would not let go** until I had taken him to the **home** of my **mother.** — *Song of Songs 3:4 (CEV)*

14) Now come and see the **crown** given to Solomon by his **mother** on his **happy wedding day.** — *Song of Songs 3:11 (CEV)*

15) How **beautiful** you are, **my love!** How your **eyes** shine with **love** behind your veil. Your **hair** dances, like a flock of goats bounding down the hills of Gilead. — *Song of Songs 4:1 (GNB)*

16) Your **lips** are like a scarlet ribbon; how **lovely** they are when you **speak.** Your **cheeks glow** behind your veil. — *Song of Solomon 4:3 (GNB)*

17) Your **neck** is like the tower of David, **round** and **smooth,** with a **necklace** like a thousand shields hung round it. — *Song of Songs 4:4 (GNB)*

18) My **darling,** you are **lovely** in **every way.** — *Song of Songs 4:7 (CEV)*

19) The look in your **eyes,** my **sweetheart** and **bride,** and the necklace you are wearing have **stolen my heart.** — *Song of Songs 4:9 (GNB)*

20) Your **love delights me,** my **sweetheart** and **bride.** Your love is better than wine; your **perfume** more fragrant than any spice. — *Song of Songs 4:10 (GNB)*

21) The taste of **honey is on your lips,** my **darling;** your tongue is milk and **honey for me.** Your clothing has all the **fragrance** of Lebanon. — *Song of Songs 4:11 (GNB)*

Scripture Therapy Daily Devotional For Success

22) My bride, my very own, you are a garden, a fountain **closed off to all others.**
— *Song of Songs 4:12 (CEV)*

23) Let the north wind blow, the south wind too! Let them spread the aroma of my garden, **so the one I love may enter and taste its delicious fruits.**
— *Song of Songs 4:16 (CEV)*

24) My **lover** is **handsome** and **strong**; he is **one in ten thousand.** — *Song of Songs 5:10 (GNB)*

25) His eyes are like doves beside the water brooks, bathed in milk and fitly set.
— *Song of Solomon 5:12 (AMP)*

26) His **cheeks** are as **lovely** as a garden that is full of herbs and spices. His **lips** are like **lilies,** wet with **liquid** myrrh.
— *Song of Songs 5:13 (GNB)*

27) His **hands** are **well formed,** and he wears **rings** set with gems. His **body** is like **smooth ivory,** with sapphires set in it. — *Song of Songs 5:14 (GNB)*

28) His **kisses** are **sweet. I desire him so much!** Young women of Jerusalem, he is my **lover** and **friend.**
— *Song of Songs 5:16 (CEV)*

29) You are **beautiful,** so very **desirable!** — *Song of Songs 7:6 (CEV)*

30) **Kissing you** is more **delicious** than drinking the finest wine. How **wonderful** and **tasty!** — *Song of Songs 7:9 (CEV)*

31) My darling, I am yours, and you **desire** me.
— *Song of Songs 7:10 (CEV)*

32) Let's **stroll through the fields** and **sleep** in the villages.
— *Song of Songs 7:11 (CEV)*

33) **Promise** me, women of Jerusalem, that you will not **interrupt our love.**
— *Song of Songs 8:4 (GNB)*

34) Who is this coming from the desert, **arm in arm with her lover?** Under the apple tree I woke you, in the place where you were born. — *Song of Songs 8:5 (GNB)*

35) Close your heart to every love but mine; hold no one in your arms but me. **Love** is as **powerful** as death; **passion** is as strong as death itself. It bursts into flame and burns **like a raging fire.** — *Song of Songs 8:6 (GNB)*

36) I am a wall, and my breasts are its towers. **My lover knows that with him I find contentment and peace.** — *Song of Songs 8:10 (GNB)*

Chapter 42
Grieving the Loss of a Loved One

Read On: Feb 11th | April 7th | June 2nd | July 28th | Sept 22nd | Nov 17th

1) Generations come and generations go, but the world stays just the same. — *Ecclesiastes 1:4 (GNB)*

2) Everything that happens has happened before; nothing is new, nothing under the sun. — *Ecclesiastes 1:9 (CEV)*

3) No one remembers the wise, and no one remembers fools. In days to come, we will all be forgotten. We must all die — wise and foolish alike. — *Ecclesiastes 2:16 (GNB)*

4) The best thing anyone can do is to eat and drink and enjoy what he has earned. And yet, I realized that even this comes from God. — *Ecclesiastes 2:24 (GNB)*

5) Everything that happens in this world happens at the time God chooses. — *Ecclesiastes 3:1 (GNB)*

6) He sets the time for birth and the time for death, the time for planting and the time for pulling up. — *Ecclesiastes 3:2 (GNB)*

7) He sets the time for sorrow and the time for joy, the time for mourning and the time for dancing. — *Ecclesiastes 3:4 (GNB)*

8) He has set the right time for everything. He has given us a desire to know the future, but never gives us the satisfaction of fully understanding what he does. — *Ecclesiastes 3:11 (GNB)*

9) I know the best thing we can do is always to enjoy life. — *Ecclesiastes 3:12 (CEV)*

10) All of us should eat and drink and enjoy what we have worked for. It is God's gift. — *Ecclesiastes 3:13 (GNB)*

11) Everything that happens **has happened before,** and all that will be **has already been** — God does everything over and over again.
— *Ecclesiastes 3:15 (CEV)*

12) Like animals **we breathe** and **die,** and we are no better off than they are. **It just doesn't make sense.** — *Ecclesiastes 3:19 (CEV)*

13) All **living creatures** go to the same **place.** We are **made from** earth, and we **return** to the **earth.**
— *Ecclesiastes 3:20 (CEV)*

14) We **leave** this world just as we entered it — with **nothing.** In spite of all our work there is **nothing** we can **take with us.**
— *Ecclesiastes 5:15 (GNB)*

15) It isn't right! **We go just as we came.** We **labour,** trying to **catch the wind,** and what do we get? — *Ecclesiastes 5:16 (GNB)*

16) This is what I have found out: The **best thing** anyone can do is to **eat** and **drink** and **enjoy** what he has **worked for** during the short life that God has given him; **this is man's fate.** — *Ecclesiastes 5:18 (GNB)*

17) If God **gives** a man **wealth** and **property** and lets him **enjoy them,** he should be **grateful** and **enjoy** what he has **worked for.** It is a **gift** from **God.** ²⁰Since God has **allowed him** to be **happy,** he will not **worry** too much about how short **life is.** — *Ecclesiastes 5:19-20 (GNB)*

18) Everything that happens **was decided long** ago. We humans know what we are like, and we **can't argue with God,** because he is **too strong for us.**
— *Ecclesiastes 6:10 (CEV)*

19) How can anyone know **what is best** for us **in this short, useless life of ours**—a life that **passes** like a shadow? How can we know **what will happen** in the world **after we die?** — *Ecclesiastes 6:12 (GNB)*

20) When **times are good,** you should be **cheerful;** when **times are bad,** think what it means. **God makes them both** to keep us from **knowing** what will **happen next.** — *Ecclesiastes 7:14 (CEV)*

Scripture Therapy Daily Devotional For Success

21) I have **seen** everything **during this senseless life of mine. I** have seen **good citizens** die for doing the **right thing,** and I have seen criminals **live to a ripe old age.** — *Ecclesiastes 7:15 (CEV)*

22) How can anyone **discover** what life **means?** It is **too deep** for us, too **hard** to **understand.** — *Ecclesiastes 7:24 (GNB)*

23) No one can **keep from dying** or put off **the day of death.** That is a battle we cannot **escape;** we cannot **cheat** our way **out.** — *Ecclesiastes 8:8 (GNB)*

24) So I think **we should get as much out of life** as we **possibly** can. There is nothing better than to **enjoy our food** and **drink** and to have a **good time.** Then we can **make it through** this **troublesome life** that God has **given us** here on **earth.** — *Ecclesiastes 8:15 (CEV)*

25) I saw everything **God** does, and I realized that **no one can really understand what happens.** We may be very wise, but no matter how much **we try** or how much **we claim to know,** we cannot **understand** it all. — *Ecclesiastes 8:17 (CEV)*

26) For the **living** know that they will die, but the dead **know nothing**; and they have no more **reward** [here], for the **memory of them** is forgotten. — *Ecclesiastes 9:5 (AMP)*

27) Their **loves,** their **hates,** and their **jealous feelings** have all **disappeared** with them. They will **never again** take part in **anything** that happens **on this earth.** — *Ecclesiastes 9:6 (CEV)*

28) Life is short, and you love your wife, so **enjoy being with her.** This is what you are **supposed to do** as you struggle **through life** on this earth. — *Ecclesiastes 9:9 (CEV)*

29) **Work hard** at whatever you do. You will **soon go to the world of the dead,** where no one **works** or **thinks** or **reasons** or knows **anything.**
— *Ecclesiastes 9:10 (CEV)*

30) You **never know** when your **time** is **coming.** Like birds suddenly **caught in a trap,** like fish caught in a net, we are trapped **at some evil moment** when we least expect it. — *Ecclesiastes 9:12 (GNB)*

31) **God made everything,** and you can no more **understand what he does** than you understand how **new life** begins in the womb of a **pregnant woman.** — *Ecclesiastes 11:5 (GNB)*

32) **Young** people, **enjoy your youth.** Be **happy** while you are still **young.** Do what you **want to do,** and follow your **heart's desire.** But remember that **God is going to judge you** for **whatever** you do. — *Ecclesiastes 11:9 (GNB)*

33) Our **bodies** will **return** to the dust of the earth, and the **breath of life** will go **back to God,** who **gave** it to us.
— *Ecclesiastes 12:7 (GNB)*

34) The Philosopher tried to find **comforting words,** but the words he wrote **were honest.**
— *Ecclesiastes 12:10 (GNB)*

35) Everything you were **taught** can be put into a few words: **Respect** and **obey God!** This is what **life** is all about. — *Ecclesiastes 12:13 (CEV)*

36) For God shall bring **every work** into **judgment,** with every **secret thing,** whether it is **good** or **evil.**
— *Ecclesiastes 12:14 (AMP)*

SECTION 5

SCRIPTURE THERAPY™
to Help Overcome
SPIRITUAL GROWTH ISSUES

TOPICS

Chapter 43: *Understanding God*
Chapter 44: *Being Faithful of God*
Chapter 45: *Living as a Christian*
Chapter 46: *Having Faith in God*
Chapter 47: *God's Loving Kindness*
Chapter 48: *God's Protection*
Chapter 49: *Living Holy*
Chapter 50: *Your Relationship with Jesus*
Chapter 51: *The Holy Spirit*
Chapter 52: *Your Prayer Life*
Chapter 53: *Your Praise & Worship Life*
Chapter 54: *Your Baptism*
Chapter 55: *Fasting & Prayer*
Chapter 56: *Overcoming the Evil One*

Chapter 43
Understanding God

Read On: Feb 12th | April 8th | June 3rd | July 29th | Sept 23rd | Nov 18th

1) You **cannot stand** the sight of the **proud;** you hate all **wicked** people.
— *Psalm 5:5 (GNB)*

2) You destroy every **liar,** and you **despise violence** and **deceit.**
— *Psalm 5:6 (CEV)*

3) You see that **justice** is done, and each day you **take revenge.**
— *Psalm 7:11 (CEV)*

4) Our LORD, you are **true to your promises,** and your **word** is like silver **heated seven** times in a fiery furnace. — *Psalm 12:6 (CEV)*

5) Show your **wonderful love.** Your mighty arm **protects** those who **run** to you for **safety** from their **enemies.** — *Psalm 17:7 (CEV)*

6) Your way is **perfect, LORD,** and your **word is correct.** You are a **shield** for those who run to you for help. — *Psalm 18:30 (CEV)*

7) He does not **neglect** the **poor** or **ignore** their **suffering;** he does not **turn away from them,** but answers **when they call** for help." — *Psalm 22:24 (GNB)*

8) Your **anger** lasts **a little while,** but your **kindness** lasts for a **lifetime.** At night we may **cry,** but when **morning** comes we will **celebrate.** — *Psalm 30:5 (CEV)*

9) Your **love** is a **treasure,** and everyone **finds shelter** in the shadow of your **wings.** — *Psalm 36:7 (CEV)*

10) But **God was merciful** to his **people.** He **forgave** their **sin** and did not **destroy** them. Many times he **held back** his anger and **restrained** his **fury.** — *Psalm 78:38 (GNB)*

11) You are **mighty** and do **wonderful** things; you **alone** are **God.**
— *Psalm 86:10 (GNB)*

12) For great is Your **mercy** and **loving-kindness toward me**; and You have **delivered** me from the depths of Sheol [from the exceeding **depths of affliction**]. — *Psalm 86:13 (AMP)*

13) But you, **the Lord God**, are **kind** and **merciful**. You don't easily get **angry**, and your love can **always** be **trusted**. — *Psalm 86:15 (CEV)*

14) No one knows the **full power** of your furious **anger**, but it is as **great** as the **fear** that we **owe to you**. — *Psalm 90:11 (CEV)*

15) The Lord is **merciful** and **gracious, slow to anger** and plenteous in **mercy** and **loving-kindness**. — *Psalm 103:8 (AMP)*

16) The **LORD** won't **always** be **angry** and **point out** our sins; — *Psalm 103:9 (CEV)*

17) He does not **punish** us as we **deserve** or **repay** us **according** to our **sins** and **wrongs**. — *Psalm 103:10 (GNB)*

18) As high as the Sky is above the earth, so **great** is his **love** for those who **honour him**. — *Psalm 103:11 (GNB)*

19) But for **those who honour the LORD**, his love lasts **for ever**, and his **goodness endures** for all generations. — *Psalm 103:17 (GNB)*

20) He is [earnestly] **mindful** of His **covenant** and forever it is imprinted **on His heart**, the word which He commanded and **established** to a **thousand generations**, ⁹The **covenant** which He made with **Abraham**, and His **sworn promise** to Isaac, — *Psalm 105:8-9 (AMP)*

21) He **satisfies** those who are **thirsty** and fills the hungry with **good things**. — *Psalm 107:9 (GNB)*

22) because he **defends the poor** and **saves them** from those who condemn them to death. — *Psalm 109:31 (GNB)*

Scripture Therapy Daily Devotional For Success

23) His love for us is strong and his faithfulness is eternal. Praise the LORD! — *Psalm 117:2 (GNB)*

24) You remain faithful in every generation, and the earth you created will keep standing firm. — *Psalm 119:90 (CEV)*

25) But your compassion, LORD, is great; show your mercy and save me! — *Psalm 119:156 (GNB)*

26) Though you are above us all, you care for humble people, and you keep a close watch on everyone who is proud. — *Psalm 138:6 (CEV)*

27) The LORD is loving and merciful, slow to become angry and full of constant love. — *Psalm 145:8 (GNB)*

28) He is good to everyone and has compassion on all he made. — *Psalm 145:9 (GNB)*

29) He helps those who are in trouble; he lifts those who have fallen. — *Psalm 145:14 (GNB)*

30) The Lord is [rigidly] righteous in all His ways and gracious and merciful in all His works. — *Psalm 145:17 (AMP)*

31) and you are near to everyone whose prayers are sincere. — *Psalm 145:18 (CEV)*

32) He supplies the needs of those who honour him; he hears their cries and saves them. — *Psalm 145:19 (GNB)*

33) He protects everyone who loves him, but he will destroy the wicked. — *Psalm 145:20 (GNB)*

34) He heals the brokenhearted and bandages their wounds. — *Psalm 147:3 (GNB)*

35) Great and mighty is our Lord; his wisdom cannot be measured. — *Psalm 147:5 (GNB)*

36) The LORD helps the poor, but he pulls the wicked to the ground. — *Psalm 147:6 (CEV)*

37) He keeps your borders safe and satisfies you with the finest wheat. — *Psalm 147:14 (GNB)*

Chapter 44
Being Faithful to God

Read On: Feb 13th | April 9th | June 4th | July 30th | Sept 24th | Nov 19th

1) But I show my **love** to thousands of generations of those who **love me** and **obey** my **laws**.
— *Deuteronomy 5:10 GNB*

2) Know, recognize, and understand therefore that the **Lord** your God, He is **God**, the **faithful God**, Who keeps **covenant** and **steadfast** love and **mercy** with those who **love** Him and keep His **commandments**, to a thousand generations,
— *Deuteronomy 7:9 (AMP)*

3) If you **completely obey** these laws, the **LORD** your God will be **loyal** and keep the **agreement** he made with **you,** just as he **promised** our ancestors. — *Deuteronomy 7:12 (CEV)*

4) "Now, people of Israel, **listen** to what the LORD your God **demands** of you: **worship** the Lord and **do all** that he **commands. Love** him, **serve** him with all your **heart**.
— *Deuteronomy 10:12 (GNB)*

5) Moses taught you to **love** the **LORD your God**, to be **faithful** to him, and to **worship** and **obey** him with your **whole heart** and with all your **strength**. So be very careful to do **everything** Moses **commanded**. — *Joshua 22:5 (CEV)*

6) Be **sure** to **love** the **LORD** your God **always**.
— *Joshua 23:11 (CEV)*

7) "Now then," Joshua continued, "**honour** the LORD and **serve** him **sincerely** and **faithfully**. Get rid of the gods which your ancestors used to worship in Mesopotamia and in Egypt, and serve **only** the **LORD**.
— *Joshua 24:14 (GNB)*

199

8) I will choose a priest who will be **faithful** to me and do **everything I want** him to. I will give him **descendants,** who will always **serve** in the **presence** of my chosen **king.** — *1 Samuel 2:35 (GNB)*

9) Obey the **LORD** and **serve** him **faithfully** with all your **heart.** Remember the **great things** he has **done** for you. — *1 Samuel 12:24 (GNB)*

10) O LORD, you are **faithful** to those who are **faithful to you,** and completely **good** to those who are **perfect.** — *2 Samuel 22:26 (GNB)*

11) He gave them the following **instructions:** "You must **perform** your **duties** in **reverence** for the LORD, **faithfully obeying** him in **everything** you do. — *2 Chronicles 19:9 (GNB)*

12) He was **successful,** because everything he did for the **Temple** or in observance of the Law, he did in a spirit **of complete loyalty** and **devotion** to his **God.** — *2 Chronicles 31:21 (GNB)*

13) LORD God of **heaven,** you are **great** and **fearsome.** And you **faithfully** keep your **promises** to everyone who **loves** you and **obeys** your **commands.** — *Nehemiah 1:5 (CEV)*

14) You found his **heart faithful** before You, and You made the **covenant** with him **to give his descendants** the **land** of the Canaanite, Hittite, Amorite, Perizzite, Jebusite, and Girgashite. And You have **fulfilled** Your **promise,** for **You** are **just** and **righteous.** — *Nehemiah 9:8 (AMP)*

15) Love the **LORD,** all his **faithful** people. The **LORD** **protects** the **faithful,** but **punishes** the **proud** as they **deserve.** — *Psalm 31:23 (GNB)*

16) May your **constant** love be with us, LORD, as we put our **hope** in you. — *Psalm 33:22 (GNB)*

Scripture Therapy Daily Devotional For Success

17) But I will sing about your **strength,** my God, and I will **celebrate** because of your love. You are my **fortress,** my place of **protection** in times of trouble. — *Psalm 59:16 (CEV)*

18) I will find **trustworthy** people to **serve** as my **advisers,** and **only** an **honest** person will **serve** as an **official.**
— *Psalm 101:6 (CEV)*

19) How great is **God's love** for all who **worship** him? Greater than the distance between **heaven** and **earth!**
— *Psalm 103:11 (CEV)*

20) The **LORD** is always **kind** to those who **worship** him, and he **keeps** his **promises** to their **descendants** — *Psalm 103:17 (CEV)*

21) The Lord **preserves** all those who **love** Him, but all the **wicked** will He **destroy.** — *Psalm 145:20 (AMP)*

22) My child, **remember** my **teachings** and **instructions** and **obey** them **completely.** ²They will **help** you live a **long** and **prosperous** life.
— *Proverbs 3:1-2 (CEV)*

23) Never let go of **loyalty** and **faithfulness.** Tie them round your neck; **write** them **on your heart.**
— *Proverbs 3:3 (GNB)*

24) There are many who say, **"You can trust me!"** But can they be **trusted?**
— *Proverbs 20:6 (CEV)*

25) Be **kind** and **honest** and you will live a **long life;** others will **respect** you and treat you **fairly.**
— *Proverbs 21:21 (GNB)*

26) Such a man **obeys** my **commands** and **carefully keeps** my laws. He is **righteous,** and he will **live,"** says the Sovereign **LORD.**
— *Ezekiel 18:9 (GNB)*

27) King Nebuchadnezzar said: Praise their **God** for sending an **angel** to **rescue** his **servants**! They **trusted** their **God** and **refused** to **obey** my **commands**. Yes, they chose to die rather than to **worship** or **serve** any **god except their own**. — *Daniel 3:28 (CEV)*

28) I command **everyone** in my kingdom to **worship** and **honour** the **God** of **Daniel**. He is the **living God**, the one who **lives forever**. His **power** and his **kingdom will never end**.
— *Daniel 6:26 (CEV)*

29) He is a **Savior** and **Deliverer**, and He works **signs** and **wonders** in the **heavens** and on the **earth**—He Who has **delivered** Daniel from the **power** of the **lions**.
— *Daniel 6:27 (AMP)*

30) Jesus answered, "**Love the Lord your God** with all your **heart**, with all your **soul**, and with all your **mind**.'
— *Matthew 22:37 (GNB)*

31) If you **love me**, you will **obey** my **commandments**.
— *John 14:15 (GNB)*

32) Remember that the **Lord** will **reward** everyone, whether slave or free, for the **good work** they do.
— *Ephesians 6:8 (GNB)*

33) Whatever you **say** or **do** should be done in the **name** of the **Lord Jesus**, as you give **thanks** to God the Father because of **him**.
— *Colossians 3:17 (CEV)*

34) Just as shepherds **watch over their sheep,** you must **watch** over everyone **God** has **placed** in your **care**. Do it **willingly** in order to **please** God, and not simply because you think you **must**. Let it be something you **want to do,** instead of something you do merely to make **money**. — *1 Peter 5:2 (CEV)*

Chapter 45
Living as a Christian

Read On: Feb 14th | April 10th | June 5th | July 31st | Sept 25th | Nov 20th

1) The **LORD** is your **God**, so you must always **love** him and **obey** his **laws** and **teachings**.
— *Deuteronomy 11:1 (CEV)*

2) This, then, is how you should **pray**: 'Our **Father** in **heaven**: May your **holy name** be **honoured**. — *Matthew 6:9 (GNB)*

3) may your **kingdom** come; may your **will** be done on **earth** as it is in **heaven**. ¹¹**Give** us **today** the **food** we **need**. — *Matthew 6:10-11 (GNB)*

4) **Forgive** us for doing **wrong**, as we **forgive** others. — *Matthew 6:12 (CEV)*

5) And **lead** (bring) us **not** into **temptation**, but **deliver** us from the evil one. For **Yours** is the kingdom and the **power** and the **glory** forever. Amen. — *Matthew 6:13 (AMP)*

6) No one can **serve two masters**; for either he will **hate** the one and **love** the **other**, or he will **stand by** and be **devoted** to the one and **despise** and be **against** the other. You cannot serve **God** and **mammon (deceitful riches, money, possessions,** or whatever is **trusted in)** . — *Matthew 6:24 (AMP)*

7) Therefore I tell you, stop being perpetually uneasy **(anxious** and **worried)** about **your life,** what you shall **eat** or what you shall **drink;** or about your **body,** what you shall **put on.** Is not **life** greater [in **quality**] than **food**, and the body [far above and more excellent] than **clothing?** — *Matthew 6:25 (AMP)*

8) Therefore **do not worry** and be **anxious,** saying, What are we going to have to **eat?** or, What are we going to have to **drink?** or, What are we going to have to **wear?** ³²For the Gentiles (heathen) **wish for** and **crave** and **diligently seek** all these things, and your **heavenly Father** knows well that you **need** them all. — *Matthew 6:31-32 (AMP)*

203

Scripture Therapy Daily Devotional For Success

9) But more than anything else, put **God's work first** and **do** what he **wants**. Then the other **things** will be yours as **well**. — *Matthew 6:33 (CEV)*

10) "Why do you call me, '**Lord, Lord**,' and yet **don't do what I tell you?** — *Luke 6:46 (GNB)*

11) Jesus said to his disciples: If you **love me**, you will do as I **command**. — *John 14:15 (CEV)*

12) If you love me, you will do what I have **said**, and my Father will **love you**. I will also **love you** and show you what I am like. — *John 14:21 (CEV)*

13) If you **obey me**, I will keep **loving you**, just as my Father keeps **loving me**, because I have **obeyed** him. — *John 15:10 (CEV)*

14) I have told you this to make you as **completely happy** as **I am**. — *John 15:11 (CEV)*

15) So then, my brothers and sisters, because of God's **great mercy to us** I appeal to you: offer **yourselves** as a living **sacrifice** to **God**, **dedicated** to his **service** and **pleasing** to him. This is the **true worship** that you should **offer**. — *Romans 12:1 (GNB)*

16) Do not **conform** yourselves to the **standards** of the **world**, but let God **transform** you **inwardly** by a complete **change** of your **mind**. Then you will be able to **know** the **will of God** — what is **good** and **pleasing** to him and is **perfect**. — *Romans 12:2 (GNB)*

17) Stop all your **dirty talk**. Say the **right thing** at the right time and help others by **what you say**. — *Ephesians 4:29 (CEV)*

18) Don't **worry** about **anything**, but **pray** about **everything**. With **thankful** hearts offer up your **prayers** and **requests** to **God**. — *Philippians 4:6 (CEV)*

19) Since childhood, you have known the **Holy Scriptures** that are able to make you **wise enough** to have **faith** in **Christ Jesus** and be **saved.**
— *2 Timothy 3:15 (CEV)*

20) Everything in the Scriptures is **God's Word.** All of it is **useful** for **teaching** and **helping** people and for **correcting** them and **showing** them how to **live.**
— *2 Timothy 3:16 (CEV)*

21) The Scriptures **train God's servants** to do all kinds of **good deeds.** — *2 Timothy 3:17 (CEV)*

22) Some people have got out of the habit of **meeting for worship,** but we **must not** do that. We should **keep on encouraging** each other, especially since you know that the day of the Lord's coming is getting **closer.** — *Hebrews 10:25 (CEV)*

23) Obey God's **message!** Don't fool yourselves by just **listening** to it. — *James 1:22 (CEV)*

24) When we **obey** God, we are sure that we **know** him.
— *1 John 2:3 (CEV)*

25) Whoever says, I know Him [**I perceive, recognize, understand,** and am **acquainted** with Him] but fails to **keep** and **obey** His **commandments** (teachings) is a **liar,** and the Truth [of the **Gospel**] is not **in him.** — *1 John 2:4 (AMP)*

26) But he who **keeps (treasures) His Word** [who bears in mind His precepts, who **observes** His **message** in its **entirety**], truly in him has the **love of** and **for God** been **perfected** (completed, reached **maturity**). By this we may perceive (**know, recognize,** and be **sure**) that we are **in Him:** — *1 John 2:5 (AMP)*

27) Don't **love the world** or anything that **belongs to the world.** If you love the world, you cannot **love the Father.** — *1 John 2:15 (CEV)*

28) For all that is in the world—the lust of the flesh [craving for sensual gratification] and the lust of the eyes [greedy longings of the mind] and the pride of life [assurance in one's own resources or in the stability of earthly things]—these do not come from the Father but are from the world [itself]. — *1 John 2:16 (AMP)*

29) The message you heard from the very beginning is this: we must love one another. — *1 John 3:11 (GNB)*

30) If we have all we need and see one of our own people in need, we must have pity on that person, or else we cannot say we love God. — *1 John 3:17 (CEV)*

31) Children, you show love for others by truly helping them, and not merely by talking about it. — *1 John 3:18 (CEV)*

32) God wants us to have faith in his Son Jesus Christ and to love each other. This is also what Jesus taught us to do. — *1 John 3:23 (CEV)*

33) My dear friends, we must love each other. Love comes from God, and when we love each other, it shows that we have been given new life. We are now God's children, and we know him. — *1 John 4:7 (CEV)*

34) Whoever does not love does not know God, for God is love. — *1 John 4:8 (GNB)*

35) And God showed his love for us by sending his only Son into the world, so that we might have life through him. — *1 John 4:9 (GNB)*

37) Dear friends, if this is how God loved us, then we should love one another. — *1 John 4:11 (GNB)*

36) This is what love is: it is not that we have loved God, but that he loved us and sent his Son to be the means by which our sins are forgiven. — *1 John 4:10 (GNB)*

38) No one has ever seen God, but if we love one another, God lives in union with us, and his love is made perfect in us. — *1 John 4:12 (GNB)*

39) Love means that we do what God tells us. And from the beginning, he told you to love him. — *2 John 1:6 (CEV)*

Chapter 46
Having Faith in God

Read On: Feb 15th | April 11th | June 6th | Aug 1st | Sept 26th | Nov 21st

1) Wicked people **run away** when no one **chases** them, but those who live **right** are as **brave** as lions. — *Proverbs 28:1 (CEV)*

2) That's how it is with **my words**. They don't return to me without **doing** everything I send them **to do.**" — *Isaiah 55:11 (CEV)*

4) Then Jesus touched their eyes and said, **"Let it happen,** then, **just** as you **believe!"**
— *Matthew 9:29 (GNB)*

3) The **God** we **worship** can **save** us from **you** and your flaming furnace. — *Daniel 3:17 (CEV)*

5) The seeds that fell on **good ground** are the people who **hear** and **understand** the **message**. They produce as much as a **hundred** or **sixty** or **thirty** times what was planted. — *Matthew 13:23 (CEV)*

6) Jesus looked straight at them and answered, "This is **impossible** for **human beings,** but for **God everything is possible."**
— *Matthew 19:26 (GNB)*

7) **Jesus** answered, "**I assure** you that if you **believe** and do not **doubt,** you will be able **to do** what I have **done** to this fig tree. And not only this, but you will even **be able** to say to this hill, 'Get up and throw yourself in the sea,' and **it will.**
— *Matthew 21:21 (GNB)*

8) When Jesus saw how much **faith** they **had,** he said to the crippled man, **"My friend,** your **sins** are **forgiven."**
— *Mark 2:5 (CEV)*

9) Jesus heard what they said, and he said to Jairus, "Don't **worry.** Just have **faith!"** — *Mark 5:36 (CEV)*

10) Jesus answered them, "Have **faith** in **God.** — *Mark 11:22 (GNB)*

Scripture Therapy Daily Devotional For Success

11) If you have faith in God and don't **doubt**, you can tell this **mountain** to **get up** and jump into the sea, and it **will**. — *Mark 11:23 (CEV)*

12) Everything you **ask** for in **prayer** will be **yours**, if you only have **faith**. — *Mark 11:24 (CEV)*

13) Everyone who **believes** me will be able to do **wonderful things**. By using my **name** they will **force out** demons, and they will **speak** new languages. — *Mark 16:17 (CEV)*

14) For there is **nothing** that **God** cannot **do**." — *Luke 1:37 (GNB)*

15) With a solemn **oath** to our ancestor Abraham he **promised** to **rescue us** from our **enemies** and allow us to **serve** him **without** fear. — *Luke 1:73 (GNB)*

16) But anyone who **hears** my **words** and **does not** obey them is like a man who **built his house** without laying a **foundation**; when the flood hit that house it **fell** at once — and what a **terrible** crash that was!" — *Luke 6:49 (GNB)*

17) Jesus replied: If you had **faith** no bigger than a tiny mustard seed, you could **tell** this mulberry tree to **pull itself up**, roots and all, and to **plant** itself in the ocean. And it **would**! — *Luke 17:6 (CEV)*

18) Jesus told the people who had **faith in him**, "If you keep on **obeying** what I have **said**, you truly are my **disciples**. — *John 8:31 (CEV)*

19) I am telling you the truth: those who **believe** in **me** will do what I do — yes, they will do even **greater** things, because I am going to the **Father**. — *John 14:12 (GNB)*

20) So then, **faith** comes from **hearing** the message, and the message comes through preaching **Christ**. — *Romans 10:17 (GNB)*

21) Be **alert**, stand firm in the **faith**, be **brave**, be **strong**. — *I Corinthians 16:13 (GNB)*

Scripture Therapy Daily Devotional For Success

22) Abraham **believed** and was **blessed;** so all who **believe** are **blessed** as he was. — *Galatians 3:9 (GNB)*

23) Let your **faith** be like a **shield,** and you will be able to **stop** all the **flaming arrows** of the evil **one.** — *Ephesians 6:16 (CEV)*

24) And accept **salvation** as a helmet, and the **word** of **God** as the **sword** which the **Spirit** gives you. — *Ephesians 6:17 (GNB)*

25) Christ gives me the **strength** to **face** anything. — *Philippians 4:13 (CEV)*

26) And we also [especially] **thank God** continually for this, that when you received the **message of God** [which you heard] from us, you **welcomed** it not as the word of [**mere**] **men,** but as it truly is, the **Word of God,** which is effectually at work **in you** who **believe** [exercising its **superhuman power** in those who **adhere** to and **trust in** and **rely** on it]. — *1 Thessalonians 2:13 (AMP)*

27) God's Spirit doesn't make **cowards** out of us. The Spirit gives us **power, love,** and **self-control.** — *2 Timothy 1:7 (CEV)*

28) Run from **temptations** that capture young people. Always do the **right thing.** Be faithful, loving, and **easy to get along with.** Worship with people whose **hearts** are **pure.** — *2 Timothy 2:22 (CEV)*

29) And who did God say would never enter his **place** of **rest?** Weren't they the ones that **disobeyed** him? — *Hebrews 3:18 (CEV)*

30) We see that those people did not **enter** the place of **rest** because they did not have **faith.** — *Hebrews 3:19 (CEV)*

31) But without **faith** no one can please God. We must **believe** that **God is real** and that he **rewards** everyone who **searches** for **him.** — *Hebrews 11:6 (CEV)*

Scripture Therapy Daily Devotional For Success

32) Let us be **bold**, then, and say: "**The Lord** is my **helper**, I will not be **afraid**. What can anyone **do** to me?"
— *Hebrews 13:6 (GNB)*

33) But when you **pray**, you must **believe** and not **doubt** at all. Whoever **doubts** is like a **wave** in the **sea** that is driven and **blown about** by the wind. — *James 1:6 (GNB)*

34) Obey God's message! Don't fool yourselves by **just** listening to it. — *James 1:22 (CEV)*

35) So also **faith**, if it does not have **works** (**deeds** and **actions** of **obedience** to **back** it up), by **itself** is destitute of **power** (inoperative, dead). — *James 2:17 (AMP)*

36) But someone will say, "One person has **faith**, another has **actions**." My answer is, "**show me** how anyone can have **faith** without **actions**. I will show you my **faith** by my **actions**." — *James 2:18 (GNB)*

37) You **fool**! Do you want to be shown that **faith** without **actions** is useless? — *James 2:20 (GNB)*

38) Now you see how **Abraham's faith** and **deeds** worked **together**. He **proved** that his **faith** was **real** by what he **did**.
— *James 2:22 (CEV)*

39) You see, then, that it is by people's **actions** that they are put **right** with **God**, and not by their **faith** alone.
— *James 2:24 (GNB)*

40) So then, as the **body** without the **spirit** is dead, so also **faith** without **actions** is dead.
— *James 2:26 (GNB)*

Chapter 47
God's Loving Kindness

Read On: Feb 16th | April 13th | June 7th | Aug 2nd | Sept 27th | Nov 26th

1) You **bless** those who **obey** you, **LORD**; your love **protects** them like a shield. — *Psalm 5:12 (GNB)*

2) The poor can **run to you** because you are a **fortress** in times of **trouble**. — *Psalm 9:9 (CEV)*

3) The **LORD tests** honest people, but **despises** those who are **cruel** and love **violence**. — *Psalm 11:5 (CEV)*

4) With the **kind** and **merciful** You will show Yourself **kind** and **merciful**, with an **upright** man You will show Yourself **upright**. — *Psalm 18:25 (AMP)*

5) You **save** those who are **humble**, but you **humble** those who are **proud**. — *Psalm 18:27 (GNB)*

6) You are **wonderful**, and while everyone watches, you store up **blessings** for all who **honour** and **trust** you. — *Psalm 31:19 (CEV)*

7) You **hide** them in the **safety** of your **presence** from the **plots** of **others**; in a **safe shelter** you **hide** them from the **insults** of their **enemies**. — *Psalm 31:20 (GNB)*

8) The **words** of the **LORD** are **true** and all his **works** are **dependable**. — *Psalm 33:4 (GNB)*

9) The **LORD watches** over those who **obey** him, those who **trust** in his constant **love**. — *Psalm 33:18 (GNB)*

10) His angel **guards** those who **honour** the **LORD** and **rescues** them from **danger**. — *Psalm 34:7 (GNB)*

11) If you **obey** the **LORD**, he will **watch over you** and **answer** your **prayers**. — *Psalm 34:15 (CEV)*

Scripture Therapy Daily Devotional For Success

12) Those who **obey the LORD** are **daily** in his **care,** and what he has **given** them will be theirs **forever.**
— *Psalm 37:18 (CEV)*

13) The **LORD** guides people in the way **they should go** and **protects** those who **please** him.
— *Psalm 37:23 (GNB)*

14) For the Lord **delights** in **justice** and **forsakes not** His saints; they are **preserved forever,** but the offspring of the wicked [in time] shall be **cut off.**
— *Psalm 37:28 (AMP)*

15) The **LORD saves the righteous** and **protects** them in times of **trouble.** — *Psalm 37:39 (GNB)*

16) The LORD **helps** them and **saves** them from the **wicked** because they **run** to **him.** — *Psalm 37:40 (CEV)*

17) But as for me, I will **pray** to **you,** LORD; **answer** me, God, at a time you choose. Answer me because of your **great love,** because you keep your **promise** to **save.** — *Psalm 69:13 (GNB)*

18) it is **God** who is the **judge, condemning** some and **acquitting** others.
— *Psalm 75:7 (GNB)*

19) For You, O Lord, are good, and ready to **forgive** [our **trespasses,** sending them **away,** letting them go **completely** and **forever**]; and You are abundant in **mercy** and **loving—kindness** to all those who **call upon You.**
— *Psalm 86:5 (AMP)*

20) I will always **keep** my **promise** to him, and my **covenant** with him will last **for ever.** — *Psalm 89:28 (GNB)*

22) LORD our God, may your **blessings** be with us. Give us **success** in **all** we do!
— *Psalm 90:17 (GNB)*

21) Fill **us** each morning with your **constant love,** so that we may **sing** and be **glad** all our **life.** — *Psalm 90:14 (GNB)*

23) He will keep you **safe** from all hidden **dangers** and from all deadly **diseases.** — *Psalm 91:3 (GNB)*

24) God says, "I will **save** those who love me and will **protect** those who **acknowledge** me as **LORD.** — *Psalm 91:14 (GNB)*

25) When they **call** to me, I will **answer** them; when they are in **trouble,** I will be **with them.** I will **rescue** them and **honour** them. — *Psalm 91:15 (GNB)*

26) The Lord executes **righteousness** and **justice** [not for me only, but] for **all** who are **oppressed.** — *Psalm 103:6 (AMP)*

27) As a father **loves** and **pities** his **children,** so the Lord **loves** and **pities** those who **fear** Him [with reverence, **worship,** and **awe**]. — *Psalm 103:13 (AMP)*

28) You should **praise** the **LORD** for his **love** and for the **wonderful things** he does for all of us. — *Psalm 107:15 (CEV)*

29) You will always **do right,** and your **teachings** are **true.** — *Psalm 119:142 (CEV)*

30) O give **thanks** to the **God of heaven,** for His **mercy** and **loving—kindness** endure forever! — *Psalm 136:26 (AMP)*

31) You will do **everything** you have **promised; LORD,** your **love** is **eternal.** Complete the **work** that you have **begun.** — *Psalm 138:8 (GNB)*

32) And in your **mercy** and **loving—kindness,** cut off my **enemies** and **destroy** all those who **afflict** my inner **self,** for I am Your servant. — *Psalm 143:12 (AMP)*

33) They will **celebrate** and **sing** about your matchless **mercy** and your **power to save.** — *Psalm 145:7 (CEV)*

34) Your **kingdom** will **never end**, and you will **rule** for **ever**. Our **LORD**, you **keep** your **word** and do **everything** you **say**. — *Psalm 145:13 (CEV)*

35) He gives **justice** to the **poor** and **food** to the **hungry**. The LORD sets **prisoners free** [8]and **heals** blind eyes. He gives a **helping hand** to everyone who **falls**. The **LORD** loves **good people** [9]and **looks after** strangers. He **defends** the **rights** of **orphans** and **widows**, but **destroys** the **wicked**. — *Psalm 146:7–9 (CEV)*

36) The **LORD** is **pleased** only with those who **worship** him and **trust his love**.
— *Psalm 147:11 (CEV)*

37) The **LORD** is **pleased** with his **people**, and he gives **victory** to those who are **humble**.
— *Psalm 149:4 (CEV)*

38) So also will be the **word** that I **speak** — it will not **fail** to do what I **plan** for it; it will do **everything I send** it to **do**. — *Isaiah 55:11 (GNB)*

Chapter 48
God's Protection

Read On: Feb 17th | April 13th | June 8th | Aug 3rd | Sept 28th | Nov 23rd

1) You **protect** your **loyal** people, but everyone who is **evil** will die in darkness. We cannot **win a victory** by **our own strength.**
— *1 Samuel 2:9 (CEV)*

2) He gives me new **strength.** He **guides** me in the **right paths,** as he has **promised.**
— *Psalm 23:3 (GNB)*

3) Teach me to live **according** to your **truth,** for you are my **God,** who **saves** me. I always **trust** in you. — *Psalm 25:5 (GNB)*

4) He **leads** the **humble** in the **right way** and **teaches** them his **will.** — *Psalm 25:9 (GNB)*

5) May my **goodness** and **honesty** preserve me, because I **trust** in you. — *Psalm 25:21 (GNB)*

6) You are my **hiding place;** you will save me from **trouble.** I sing aloud of your **salvation,** because you **protect** me.
— *Psalm 32:7 (GNB)*

7) The **LORD** loves **justice,** and he won't ever **desert** his faithful people. He always **protects** them, but destroys the children of the **wicked.**
— *Psalm 37:28 (CEV)*

8) **LORD,** I know you will **never** stop being **merciful** to me. Your **love** and **loyalty** will always keep me **safe.** — *Psalm 40:11 (GNB)*

9) The **LORD** will **protect** them and **preserve** their **lives;** he will make them **happy** in the land; he will not **abandon** them to the **power** of their **enemies.** — *Psalm 41:2 (GNB)*

10) "Our **God** is like **this** for **ever** and will always **guide** us." — *Psalm 48:14 (CEV)*

11) You **guide** me with your **instruction** and at the end you will **receive** me with **honour**.
— *Psalm 73:24 (GNB)*

12) The **LORD Most High** is your **fortress**. Run to him for **safety**, ¹⁰and no terrible **disasters** will **strike** you or your **home**. — *Psalm 91:9-10 (CEV)*

14) The **LORD protects** the **helpless**; when I was in **danger**, he **saved** me.
— *Psalm 116:6 (GNB)*

15) The **LORD** will **protect** you from all **danger**; he will **keep** you **safe**. — *Psalm 121:7 (GNB)*

16) The **LORD** will **protect** you now and **always** wherever **you go**.
— *Psalm 121:8 (CEV)*

17) Save me, LORD, from **evildoers**; keep me **safe** from **violent** people.
— *Psalm 140:1 (GNB)*

18) LORD, I cry to **you** for **help**; you, **LORD**, are my **protector**; you are all I **want** in this **life**.
— *Psalm 142:5 (GNB)*

19) God sees that **justice** is done, and he **watches** over everyone who is **faithful** to him.
— *Proverbs 2:8 (CEV)*

20) Your **insight** and **understanding** will **protect** you.
— *Proverbs 2:11 (GNB)*

21) Wisdom will **protect** you from **evil schemes** and from those **liars**
— *Proverbs 2:12 (CEV)*

22) With all your **heart** you must **trust** the **LORD** and not your own **judgment**. — *Proverbs 3:5 (CEV)*

23) Hold **firmly** to my **teaching** and never **let go**. It will mean **life** for **you**.
— *Proverbs 4:13 (CEV)*

24) Obey me, and you will **live**! Let my **instructions** be your **greatest treasure**. — *Proverbs 7:2 (CEV)*

25) If you do the **right thing**, **honesty** will be your **guide**. But if you are **crooked**, you will be **trapped** by your own **dishonesty**. — *Proverbs 11:3 (CEV)*

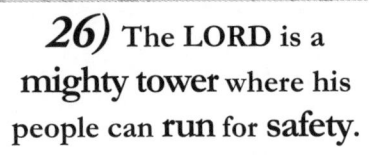

26) The LORD is a **mighty tower** where his people can **run** for **safety**.
— *Proverbs 18:10 (CEV)*

27) Keep God's **laws** and you will live **longer**; if you **ignore** them, you will die. — *Proverbs 19:16 (GNB)*

28) Childen who **curse** their parents will go to the land of darkness **long before** their time.
— *Proverbs 20:20 (CEV)*

29) Watching what you **say** can **save** you a lot of **trouble**.
— *Proverbs 21:23 (CEV)*

30) Obey the LORD, be **humble,** and you will get **riches, honour,** and a **long life.** — *Proverbs 22:4 (GNB)*

31) If you **love** your **life,** stay away from the **traps** that catch the **wicked** along the way.
— *Proverbs 22:5 (GNB)*

32) And the Lord shall **guide** you **continually** and **satisfy** you in **drought** and in **dry places** and make **strong** your **bones**. And you shall be like a **watered garden** and like a **spring** of **water** whose waters **fail not.** — *Isaiah 58:11 (AMP)*

33) I have **given** you the **power** to **trample** on snakes and scorpions and to **defeat** the **power** of your **enemy** Satan. **Nothing** can **harm** you. — *Luke 10:19 (CEV)*

34) We know that death **no longer** has any **power** over Christ. He died and was **raised** to **life,** never again to die.
— *Romans 6:9 (CEV)*

35) What can we say about all this? If **God** is on **our side,** can anyone be **against us?**
— *Romans 8:31 (CEV)*

36) Therefore put on **God's** complete **armor,** that you may be able to **resist** and **stand** your **ground** on the evil day [of **danger**], and, having done all [the **crisis demands**], to **stand** [**firmly** in your **place**]. — *Ephesians 6:13 (AMP)*

37) Yet the Lord is **faithful,** and He will **strengthen** [you] and set you on a **firm foundation** and **guard** you **from the** evil [one]. — *2 Thessalonians 3:3 (AMP)*

38) The Lord will always **keep me** from being **harmed** by evil, and he will **bring me safely** into his heavenly kingdom. **Praise** him **for ever** and **ever!** Amen. — *2 Timothy 4:18 (CEV)*

39) What God has **said** isn't only **alive** and active! It is **sharper** than any double—edged sword. His **word** can **cut through** our **spirits** and **souls** and through our joints and marrow, until it **discovers** the **desires** and **thoughts** of our **hearts.** — *Hebrews 4:12 (CEV)*

Chapter 49
Living Holy

Read On: Feb 18th | April 14th | June 9th | Aug 4th | Sept 29th | Nov 24th

1) I am the LORD, the holy God. You have been chosen to be my people, and so you must be holy too. — *Leviticus 20:26 (CEV)*

2) If you do what is wrong, you will be severely punished; you will die if you do not let yourself be corrected. — *Proverbs 15:10 (GNB)*

3) The king is the friend of all who are sincere and speak with kindness. — *Proverbs 22:11 (CEV)*

4) You will never succeed in life if you try to hide your sins. Confess them and give them up; then God will show mercy to you. — *Proverbs 28:13 (GNB)*

6) God blesses those people whose hearts are pure. They will see him! — *Matthew 5:8 (CEV)*

5) "The priests are to teach my people the difference between what is holy and what is not, and between what is ritually clean and what is not. — *Ezekiel 44:23 (GNB)*

7) Nor must you surrender any part of yourselves to sin to be used for wicked purposes. Instead, give yourselves to God, as those who have been brought from death to life, and surrender your whole being to him to be used for righteous purposes. — *Romans 6:13 (GNB)*

8) Don't be like the people of this world, but let God change the way you think. Then you will know how to do everything that is good and pleasing to him. — *Romans 12:2 (CEV)*

9) Shun **immorality** and all **sexual looseness** [flee from **impurity** in **thought**, word, or **deed**]. Any other sin which a man commits is one **outside the body,** but he who commits **sexual immorality** sins **against** his own **body.** — *1 Corinthians 6:18 (AMP)*

10) You are **tempted** in the same way that **everyone else** is tempted. But God can be **trusted** not to let you be tempted **too much,** and he will show you how to **escape** from your **temptations.** — *1 Corinthians 10:13 (CEV)*

11) But when the Lord **judges** and **punishes** us, he does it to **keep** us from being **condemned** with the rest of the **world.** — *1 Corinthians 11:32 (CEV)*

12) Don't **fool** yourselves. **Bad friends** will **destroy** you. — *1 Corinthians 15:33 (CEV)*

13) Do not try to work **together** as **equals** with **unbelievers,** for it **cannot** be done. How can **right** and **wrong** be **partners?** How can **light** and **darkness** live together? — *2 Corinthians 6:14 (GNB)*

14) The Lord also says, "**Leave** them and **stay away! Don't touch** anything that isn't **clean.** Then I will **welcome** you. — *2 Corinthians 6:17 (CEV)*

15) All these **promises** are made to us, my dear **friends.** So then, let us **purify** ourselves from **everything** that makes **body** or **soul unclean,** and let us be completely **holy** by living in **awe of God.** — *2 Corinthians 7:1 (GNB)*

16) People's **desires** make them give in to **immoral** ways, **filthy thoughts** and **shameful** deeds. [20]They worship **idols,** practise **witchcraft, hate** others, and are **hard to get along with.** People become **jealous, angry,** and **selfish.** They not only **argue** and cause **trouble,** but they are [21]**envious.** They get **drunk,** carry on at wild **parties,** and do other **evil things** as well. I told you before, and I am telling you again: No one who **does** these things will **share** in the **blessings** of **God's** kingdom. — *Galatians 5:19-21 (CEV)*

17) No more **lying**, then! Each of you must **tell** the **truth** to one another, because we are all members together in the **body of Christ**.
— *Ephesians 4:25 (GNB)*

18) Stop all your **dirty talk**. Say the **right** thing at the **right** time and **help others** by what you **say**. — *Ephesians 4:29 (CEV)*

19) You are **God's people**, so don't let it be said that any of you are **immoral** or **indecent** or **greedy**. — *Ephesians 5:3 (CEV)*

20) Don't use **dirty** or **foolish** or **filthy words**. Instead, say how **thankful** you are. — *Ephesians 5:4 (CEV)*

21) You yourselves used to be in the **darkness**, but since you have become the Lord's people, you are in the **light**. So you must **live** like people who **belong** to the **light**.
— *Ephesians 5:8 (GNB)*

22) Finally, my friends, keep your **minds** on whatever is **true, pure, right, holy, friendly,** and **proper**. Don't ever stop thinking about what is truly **worthwhile** and **worthy of praise**.
— *Philippians 4:8 (CEV)*

23) But now you must **stop doing** such things. You must stop **being angry, hateful,** and **evil**. You must no longer **say insulting** or **cruel** things about **others**.
— *Colossians 3:8 (CEV)*

24) Do not **lie** to one another, for you have taken off the **old self** with it's **habits**.
— *Colossians 3:9 (GNB)*

25) Each of you is now a **new person**. You are becoming more and more **like** your **Creator,** and you will **understand** him **better**.
— *Colossians 3:10 (CEV)*

26) God wants you to be **holy**, so don't be **immoral** in matters of **sex**. — *1 Thessalonians 4:3 (CEV)*

27) Each of you men should know how to **live** with his **wife** in a holy and **honourable** way. — *1 Thessalonians 4:4 (GNB)*

28) God didn't **choose** you to be **filthy**, but to be **pure**.
— *1 Thessalonians 4:7 (CEV)*

29) and **avoid** every kind of **evil**. — *1 Thessalonians 5:22 (GNB)*

30) If anyone makes himself or herself **clean** from all those **evil things**, they will be **used** for **special** purposes, because they are **dedicated** and **useful** to their **Master**, ready to be **used** for every **good deed**. — *2 Timothy 2:21 (GNB)*

31) God will **bless you**, if you don't **give up** when your faith is being **tested**. He will **reward** you with a **glorious** life, just as he **rewards everyone** who **loves** him. — *James 1:12 (CEV)*

32) So get rid of every **filthy habit** and all **wicked conduct**. Submit to **God** and **accept** the **word** that he **plants** in your **hearts**, which is **able** to **save you**.
— *James 1:21 (GNB)*

33) Come near to **God**, and he will come near **to you**. Clean up your **lives**, you sinners. **Purify** your **hearts**, you people who can't make up your **mind**. — *James 4:8 (CEV)*

34) Instead, **be holy** in **all** that you **do**, just as God who called you is **holy**. ¹⁶The scripture says, "Be **holy** because I am **holy**."
— *I Peter 1:15-16 (GNB)*

35) Dear friends, you are foreigners and strangers on this earth. So I beg you not to **surrender** to those **desires** that fight **against you**.
— *1 Peter 2:11 (CEV)*

36) I **appeal** to you, my friends, as **strangers** and refugees in the world! Do not **give in** to **bodily passions**, which are always at war **against** the **soul**.
— *I Peter 2:11 (GNB)*

37) If we **obey** God's **commands**, then we are sure that we **know him**. — *I John 2:3 (GNB)*

Chapter 50
Your Relationship with Jesus

Read On: Feb 19th | April 15th | June 10th | Aug 5th | Sept 30th | Nov 25th

1) "Not **everyone** who calls me '**Lord, Lord**' will enter the kingdom of heaven, but only those who **do** what my Father in heaven **wants** them **to do**.
— *Matthew 7:21 (GNB)*

2) So everyone who **hears** these **words** of Mine and **acts** upon them [**obeying** them] will be like a sensible (prudent, **practical, wise**) man who **built his house** upon the **rock**. — *Matthew 7:24 (AMP)*

3) Anyone who **hears** my **teachings** and doesn't **obey** them is like a **foolish** person who built a house on **sand**.
— *Matthew 7:26 (CEV)*

4) But I will show you that the **Son of Man** has the **right** to **forgive** sins here on earth." So **Jesus** said to the man, "**Get up!** Pick up your mat and go on home." — *Matthew 9:6 (CEV)*

5) "For those who **declare publicly** that they **belong** to me, I will do the same before my **Father** in heaven.
— *Matthew 10:32 (GNB)*

6) But if anyone **rejects** me **publicly**, I will **reject** him before my **Father** in heaven.
— *Matthew 10:33 (GNB)*

7) He who is not with Me [definitely on My side] is **against** Me, and he who does not [definitely] **gather** with Me and for My side **scatters**.
— *Matthew 12:30 (AMP)*

8) Then he told them: **Go** and **preach** the **good news** to **everyone** in the world.
— *Mark 16:15 (CEV)*

9) But He said to them, I must **preach** the **good news** (the Gospel) of the **kingdom of God** to the other cities [and towns] also, for I was **sent** for this [**purpose**]. — *Luke 4:43 (AMP)*

223

10) I didn't come to invite good people to turn to God. I came to invite sinners." — *Luke 5:32(CEV)*

11) After the people had seen Jesus perform this miracle, they began saying, "This must be the Prophet who is to come into the world!"
— *John 6:14 (CEV)*

12) Jesus said to her, I am [Myself] the Resurrection and the Life. Whoever believes in (adheres to, trusts in, and relies on) Me, although he may die, yet he shall live.
— *John 11:25 (AMP)*

13) I am telling you the truth: those who believe in me will do what I do — yes, they will do even greater things, because I am going to the Father.
— *John 14:12 (GNB)*

14) "If you love me, you will obey my commandments.
— *John 14:15 (GNB)*

15) "Those who accept my commandments and obey them are the ones who love me. My Father will love those who love me; I too will love them and reveal myself to them."
— *John 14:21 (GNB)*

16) You did not choose me. I chose you and sent you out to produce fruit, the kind of fruit that will last. Then my Father will give you whatever you ask for in my name. — *John 15:16 (CEV)*

17) "Who are you?" Saul asked. "I am Jesus," the Lord answered. "I am the one you are so cruel to. — *Acts 9:5 (CEV)*

18) God gave the Holy Spirit and power to Jesus from Nazareth. He was with Jesus, as he went around doing good and healing everyone who was under the power of the devil.
— *Acts 10:38 (CEV)*

19) They answered, "Believe in the Lord Jesus, and you will be saved — you and your family."
— *Acts 16:31 (GNB)*

Scripture Therapy Daily Devotional For Success

20) **God** sent **Christ** to be our **sacrifice**. Christ **offered** his **life's** blood, so that by **faith in him** we could come to **God**. And God did this to show that in the past he was right to be **patient** and **forgive** sinners. This also shows that God is **right** when he **accepts** people who have **faith in Jesus**. — *Romans 3:25 (CEV)*

21) There is no **condemnation** now for **those** who **live** in **union** with **Christ Jesus**. — *Romans 8:1 (GNB)*

22) yet there is for us o**nly** one **God**, the **Father**, who is the **creator of all things** and **for whom** we **live**; and there is only **one Lord, Jesus Christ,** through whom all things were **created** and through whom we **live**. — *1 Corinthians 8:6 (GNB)*

23) I want you to know that no one who is **led by God's Spirit** can say "A **curse** on **Jesus!**" and no one can confess "**Jesus is Lord**", without being **guided** by the **Holy Spirit**. — *1 Corinthians 12:3 (GNB)*

24) Yet we know that a person is **put right** with God only through **faith** in **Jesus Christ**, never by doing what the **Law** requires. We, too, have **believed** in Christ Jesus in order to be **put right** with God through our **faith** in **Christ**, and not by doing what the Law requires. For no one is **put right** with God by doing what the Law requires. — *Galatians 2:16 (GNB)*

25) And because we **belong** to **Christ Jesus**, we have killed our **selfish feelings** and **desires**. — *Galatians 5:24 (CEV)*

26) For by the **blood of Christ** we are **set free**, that is, our sins are **forgiven**. How great is the **grace** of God. — *Ephesians 1:7 (GNB)*

27) None of us hate **our own bodies**. We provide for them and take **good care** of them, just as **Christ** does for the **church**. — *Ephesians 5:29 (CEV)*

225

28) The **attitude** you should **have** is the one that **Christ Jesus** had. — *Philippians 2:5 (GNB)*

29) We believe that **Jesus died** and **rose again**, and so we believe that God will take back with Jesus **those who** have died **believing** in **him.** — *1 Thessalonians 4:14 (GNB)*

30) My **Christian brothers and sisters**, who also have been **called by God!** Think of **Jesus**, whom **God sent** to be the High Priest of the **faith** we **profess**. — *Hebrews 3:1 (GNB)*

31) We have a great **high priest**, who has gone into heaven, and he is **Jesus the Son of God**. That is why we must **hold on to** what we have said **about him.** — *Hebrews 4:14 (CEV)*

32) But **Jesus** will **never** die, and so he will be a priest **forever!** — *Hebrews 7:24 (CEV)*

33) Let us keep our eyes **fixed on Jesus,** on whom our **faith** depends from **beginning to end.** He did not **give up** because of the **cross!** On the contrary, because of the joy that was waiting for him, he thought nothing of the disgrace of dying on the cross, and he is now **seated** at the **right side** of **God's throne.** — *Hebrews 12:2 (GNB)*

34) He who is not **with Me** [definitely on **My side**] is **against Me,** and he who does not [definitely] **gather with Me** and for **My side** scatters. — *Matthew 12:30 (AMP)*

35) Jesus Christ is the same **yesterday, today** and **for ever.** — *Hebrews 13:8 (GNB)*

36) But continue to **grow** in the **grace** and **knowledge** of our **Lord** and **Savior Jesus Christ.** To him be the **glory,** now and **for ever!** Amen. — *2 Peter 3:18 (GNB)*

37) Whoever says he **abides in Him** ought [as a personal debt] to **walk** and **conduct** himself in the **same way** in which He walked and **conducted Himself.** — *1 John 2:6 (AMP)*

38) This is how we know what **love is: Christ gave his life for us.** We too, then, ought to **give our lives** for our **brothers** and **sisters!**
— *1 John 3:16 (GNB)*

39) God stays **united** with everyone who **openly** says that **Jesus** is the **Son** of **God.** That's how we stay **united** with **God** — *1 John 4:15 (CEV)*

Chapter 51
The Holy Spirit

Read On: Feb 20th | April 16th | June 11th | Aug 6th | Oct 1st | Nov 26th

1) Samuel took the olive oil and **anointed** David in front of his brothers. Immediately the **Spirit** of the **LORD** took **control** of David and was **with him from that day on.** Then Samuel returned to Ramah. — *I Samuel 16:13 (GNB)*

2) Don't **chase** me away from you or take your **Holy Spirit** away from me. — *Psalm 51:11 (CEV)*

3) The **Spirit** of the **LORD** God has taken **control** of me! The **LORD** has **chosen** and **sent me** to tell the **oppressed** the **good news,** to **heal** the **brokenhearted,** and to announce **freedom** for prisoners and **captives.** — *Isaiah 61:1 (CEV)*

4) Go to the **people** of **all nations** and make them my **disciples. Baptize** them in the name of the **Father,** the **Son,** and the **Holy Spirit.** — *Matthew 28:19 (CEV)*

5) Bad as you are, you know how to give **good** things to your **children.** How much more; then, will the **Father** in heaven give the **Holy Spirit** to those who **ask** him!" — *Luke 11:13 (GNB)*

6) The **Spirit** will show you what is **true.** The people of this world cannot accept the **Spirit,** because they don't **see** or **know** him. But you know the **Spirit,** who is **with you** and will keep on **living in you.** — *John 14:17 (CEV)*

7) The **Helper,** the **Holy Spirit,** whom the Father will **send** in my name, will **teach** you **everything** and make you **remember** all that I have **told** you. — *John 14:26 (GNB)*

8) I will **send** you the **Spirit** who comes from the Father and **shows** what is **true**. The **Spirit** will **help** you and will **tell** you about me. — *John 15:26 (CEV)*

9) When, however, the **Spirit** comes, who **reveals** the **truth** about **God**, he will **lead** you into all **truth**. He will not **speak** on his own authority, but he will speak of **what he hears**, and will tell you of **things to come**. — *John 16:13 (GNB)*

10) The Spirit will bring **glory** to **me** by taking my **message** and **telling it to you**. — *John 16:14 (CEV)*

11) But when the **Holy Spirit** comes **upon you**, you will be **filled with power**, and you will be **witnesses for me** in Jerusalem, in all Judea and Samaria, and to the **ends of the earth**." — *Acts 1:8 (GNB)*

12) "When the last days come, I will give **my Spirit** to everyone. Your sons and daughters will **prophesy**. Your young men will see **visions**, and your old men will have dreams. — *Acts 2:17 (CEV)*

13) Then Peter and John **placed their hands on them**, and they received the **Holy Spirit**. — *Acts 8:17 (GNB)*

14) God gave the **Holy Spirit** and **power** to **Jesus** from Nazareth. He was with **Jesus**, as he went around **doing good** and **healing** everyone who was under the **power** of the devil. — *Acts 10:38 (CEV)*

15) But you **do not live** as your **human nature** tells you to; instead, you live **as the Spirit tells you to** — if, in fact, God's Spirit **lives** in you. Whoever does not have the **Spirit of Christ** does not **belong** to him. — *Romans 8:9 (GNB)*

229

16) If the **Spirit of God**, who **raised Jesus** from death, **lives in you**, then he who **raised Christ** from death will also **give life** to your **mortal bodies** by the presence of his **Spirit** in you.
— Romans 8:11 (GNB)

17) For if you live **according to your human nature**, you are going to die; but if **by the Spirit** you put to death your **sinful actions**, you will **live**.
— Romans 8:13 (GNB)

18) Only those people who are led by **God's Spirit** are his **children**.
— Romans 8:14 (CEV)

19) God's Spirit joins himself to our **spirits** to declare that we are **God's children.** — Romans 8:16 (GNB)

20) In certain ways we are **weak**, but the **Spirit** is here to **help us**. For example, when we don't know what to **pray for**, the Spirit **prays for us** in ways that cannot be put into **words**.
— Romans 8:26 (CEV)

21) And **God**, who **sees into our hearts**, knows what the **thought** of the **Spirit** is; because the Spirit **pleads** with **God** on behalf of his people and in **accordance** with his **will**.
— Romans 8:27 (GNB)

22) and my **teaching** and **message** were not delivered with **skillful words of human wisdom**, but with convincing **proof** of the power of **God's Spirit**.
— I Corinthians 2:4 (GNB)

23) All of you know that you are **God's temple** and that his **Spirit lives in you.** — 1 Corinthians 3:16 (CEV)

24) You know that your **body** is a **temple** where the **Holy Spirit** lives. The **Spirit is in you** and is a **gift** from God. You are no longer **your own**.
— 1 Corinthians 6:19 (CEV)

25) yet there is for us only **one God**, the **Father**, who is the **Creator of all things** and for whom **we live**; and there is only **one Lord, Jesus Christ**, through whom **all things** were **created** and through whom we live. — *I Corinthians 8:6 (GNB)*

26) Now I want you to **know** that if you are **led by God's Spirit**, you will say that **Jesus is Lord**, and you will never **curse** Jesus. — *1 Corinthians 12:3 (CEV)*

27) The **Spirit's** presence is **shown** in **some way** in each **person** for the **good of all**. — *I Corinthians 12:7 (GNB)*

28) The **Lord** and the **Spirit** are **one** and the **same**, and the **Lord's Spirit** sets us **free**. — *2 Corinthians 3:17 (CEV)*

29) To show that you are his **sons** and **daughters,** God sent the **Spirit of his Son** into our **hearts**, the **Spirit** who cries out, "**Father**, my **Father**." — *Galatians 4:6 (GNB)*

30) But I say, **walk** and **live** [habitually] in the [**Holy**] **Spirit** [responsive to and controlled and guided by the Spirit]; then you will certainly not **gratify** the **cravings** and **desires** of the **flesh** (of **human nature** without **God**). — *Galatians 5:16 (AMP)*

31) For the **desires** of the **flesh** are **opposed** to the [**Holy**] **Spirit**, and the [**desires** of the] **Spirit** are **opposed** to the **flesh (godless human nature);** for these are **antagonistic** to **each other** [continually withstanding and in **conflict** with **each other**], so that you are not free but are **prevented from doing** what you **desire to do.** — *Galatians 5:17 (AMP)*

32) God's **Spirit** makes us loving, happy, peaceful, patient, kind, good, faithful, — *Galatians 5:22 (CEV)*

33) The **Spirit** has given us **life**; he must also **control** our **lives**. — *Galatians 5:25 (GNB)*

34) And you also became **God's people** when you heard the **true message,** the **Good News** that brought you **salvation.** You believed in **Christ,** and God put his **stamp of ownership** on you by giving you the **Holy Spirit** he had **promised.** — *Ephesians 1:13 (GNB)*

35) **God** is **wonderful** and **glorious.** I pray that his **Spirit** will make you become **strong** followers.
— *Ephesians 3:16 (CEV)*

36) And do not make **God's Holy Spirit** sad; for the Spirit is **God's mark of ownership** on you, a **guarantee** that the Day will come when God will **set you free.**
— *Ephesians 4:30 (GNB)*

37) **Never stop praying,** especially for **others.** Always **pray** by the **power of the Spirit.** Stay alert and **keep praying** for God's people.
— *Ephesians 6:18 (CEV)*

38) **God's Spirit** doesn't make **cowards** out of us. The Spirit gives us **power, love,** and **self-control.** — *2 Timothy 1:7 (CEV)*

39) **God** the Father decided to **choose** you as his **people,** and his **Spirit** has made you **holy.** You have **obeyed Jesus Christ** and are sprinkled with **his** blood. I pray that **God** will be **kind** to **you** and will keep on giving you **peace!** — *1 Peter 1:2(CEV)*

Chapter 52
Your Prayer Life

Read On: Feb 21st | April 17th | June 12th | Aug 7th | Oct 2nd | Nov 27th

1) "No other nation, no matter how great, has a god who is **so near** when they **need him** as the **LORD** our God is **to us**. He **answers** us whenever we **call** for **help**.
— *Deuteronomy 4:7 (GNB)*

2) They put their **trust** in **God** and **prayed** to him for **help**, and God **answered** their **prayers** and made them **victorious** over the Hagrites and their **allies**.
— *1 Chronicles 5:20 (GNB)*

3) If My **people**, who are **called by My name**, shall **humble** themselves, **pray, seek, crave**, and require of **necessity** My **face** and **turn** from their **wicked** ways, then will I **hear from heaven**, **forgive** their sin, and **heal** their **land**. — *2 Chronicles 7:14 (AMP)*

4) The **priests** and the Levites **asked** the Lord's **blessing** on the people. In his home in heaven God **heard** their **prayers** and **accepted** them.
— *2 Chronicles 30:27 (GNB)*

5) **Answer me** when I **pray**, O **God, my defender!** When I was in **trouble**, you **helped** me. Be **kind** to me now and **hear** my **prayer**. — *Psalm 4:1 (GNB)*

6) You have **answered** my **prayer** and my **plea** for **mercy**.
— *Psalm 6:9 (CEV)*

7) I have **called** upon You, O God, for You will **hear** me; **incline** Your **ear** to me and **hear** my **speech**. — *Psalm 17:6 (AMP)*

8) because you **answer prayers**. People everywhere will **come** to you. — *Psalm 65:2 (GNB)*

9) Let's **praise God!** He **listened** when I **prayed**, and he is always **kind**. — *Psalm 66:20 (CEV)*

10) Listen, LORD, to my **prayer**; hear my **cries** for **help**. — *Psalm 86:6 (GNB)*

11) The LORD is **pleased** when **good** people **pray**, but hates the **sacrifices** that the **wicked** bring him. — *Proverbs 15:8 (GNB)*

12) I will bring them to my **holy mountain**, where they will **celebrate in my house of worship**. Their **sacrifices** and **offerings** will always be welcome on my **altar**. Then my **house** will be known as a **house of worship** for **all nations**. — *Isaiah 56:7 (CEV)*

13) But I tell you to **love** your **enemies** and **pray** for anyone who **ill—treats** you. — *Matthew 5:44 (CEV)*

14) After sending the people away, he went up a hill by **himself** to **pray**. When evening came, **Jesus** was there **alone**. — *Matthew 14:23 (GNB)*

15) And whatever you **ask** for in **prayer**, having **faith** and [really] **believing**, you will **receive**. — *Matthew 21:22 (AMP)*

16) Jesus went with his disciples to a place called Gethsemane. When they got there, he told them, "**Sit here** while I go **over there** and **pray**." — *Matthew 26:36 (CEV)*

17) Keep **watch** and **pray** that you will not fall into **temptation**. The **spirit** is **willing**, but the **flesh** is **weak**." — *Matthew 26:41 (GNB)*

18) Very early the next **morning**, Jesus got up and went to a **place** where he could be **alone** and **pray**. — *Mark 1:35 (CEV)*

19) Jesus answered, "Only **prayer** can **force out** that **kind** of demon." — *Mark 9:29 (CEV)*

20) For this reason I am telling you, whatever you **ask for** in **prayer, believe** (**trust** and be **confident**) that it is **granted** to you, and you will **[get it]**. — *Mark 11:24 (AMP)*

Scripture Therapy Daily Devotional For Success

21) Ask God to bless anyone who curses you, and pray for everyone who is cruel to you. — *Luke 6:28 (CEV)*

22) Then Jesus told his disciples a parable to teach them that they should always pray and never become discouraged. — *Luke 18:1 (GNB)*

23) When he arrived at the place; he said to them, "Pray that you will not fall into temptation." — *Luke 22:40 (GNB)*

24) After Jesus had finished speaking to his disciples, he looked up towards heaven and prayed: Father, the time has come for you to bring glory to your Son, in order that he may bring glory to you. — *John 17:1 (CEV)*

25) When they finished praying, the place where they were meeting was shaken. They were all filled with the Holy Spirit and began to proclaim God's message with boldness. — *Acts 4:31 (GNB)*

26) He said, "Cornelius, God has heard your prayers, and he knows about your gifts to the poor. — *Acts 10:31 (CEV)*

27) They fasted and prayed, placed their hands on them, and sent them off. — *Acts 13:3 (GNB)*

28) In the same way the Spirit also comes to help us, weak as we are. For we do not know how we ought to pray; the Spirit himself pleads with God for us in groans that words cannot express. — *Romans 8:26 (GNB)*

29) Let your hope make you glad. Be patient in time of trouble and never stop praying. — *Romans 12:12 (CEV)*

30) Never stop praying, especially for others. Always pray by the power of the Spirit. Stay alert and keep praying for God's people. — *Ephesians 6:18 (CEV)*

31) Don't **worry** about **anything,** but **pray** about **everything.** With **thankful** hearts offer up your **prayers** and **requests** to **God.**
— *Philippians 4:6 (CEV)*

32) and never stop **praying.**
— *1 Thessalonians 5:17 (CEV)*

33) First of all, I ask you to pray for everyone. Ask God to **help** and **bless** them **all,** and **tell God** how thankful you are for each of them. — *1 Timothy 2:1 (CEV)*

34) If you are having **trouble,** you should **pray.** And if you are feeling **good,** you should **sing praises.** — *James 5:13 (CEV)*

35) If you have **faith** when you **pray** for **sick people,** they will get **well.** The Lord will **heal** them, and if they have **sinned,** he will **forgive** them. — *James 5:15 (CEV)*

36) Elijah was the **same kind of person** as we are. He **prayed earnestly** that there would be no rain, and no rain fell on the land for three and a half years.
— *James 5:17 (GNB)*

37) For the Lord **watches** over the **righteous** and **listens** to their **prayers;** but he **opposes** those who do evil." — *I Peter 3:12 (GNB)*

38) Dear friends, keep **building** on the **foundation** of your most holy **faith,** as the **Holy Spirit** helps you to **pray.** — *Jude 1:20 (CEV)*

Chapter 53
Your Praise & Worship Life

Read On: Feb 22nd | April 18th | June 13th | Aug 8th | Oct 3rd | Nov 28th

1) The LORD is my **strength**, the reason for my **song**, because he has **saved** me. I **praise** and **honour** the LORD — he is my **God** and the **God of my ancestors.**
— *Exodus 15:2 (CEV)*

2) Praise him — he is your **God,** and you have seen with your own eyes the **great** and **astounding** things that he has done for you. — *Deuteronomy 10:21 (GNB)*

3) Join with me in praising the wonderful name of the LORD our God. — *Deuteronomy 32:3 (CEV)*

4) There **in front** of the whole **assembly** king David **praised** the **LORD.** He said, **"LORD God** of our ancestor Jacob, may you be **praised** for **ever** and **ever!**
— *I Chronicles 29:10 (GNB)*

5) You are **great** and **powerful, glorious, splendid,** and **majestic.** Everything in **heaven** and **earth is yours,** and you are **king, supreme ruler** over all. — *I Chronicles 29:11 (GNB)*

6) All **riches** and **wealth** come from **you;** you **rule** everything by your **strength** and **power;** and you are able to make anyone **great** and **strong.**
— *I Chronicles 29:12 (GNB)*

7) We **thank** you, our **God,** and **praise** you.
— *1 Chronicles 29:13 (CEV)*

8) "Yet my **people** and I cannot really give you **anything,** because everything is a **gift** from **you,** and we have only **given back** what is yours **already.** — *I Chronicles 29:14 (GNB)*

9) Then the Levites—Jeshua, Kadmiel, Bani, Hashabneiah, Sherebiah, Hodiah, Shebaniah, and Pethahiah—said, **Stand up** and **bless** the **Lord your God** from **everlasting** to **everlasting.** Blessed be Your **glorious** name which is **exalted** above all **blessing** and **praise.** — *Nehemiah 9:5 (AMP)*

Scripture Therapy Daily Devotional For Success

10) I will **praise You,** O Lord, with **my whole heart;** I will show forth **(recount** and **tell aloud)** all Your **marvelous works** and **wonderful deeds!** — *Psalm 9:1 (AMP)*

11) You that are **righteous,** be **glad** and **rejoice** because of what the LORD has **done.** You that **obey him, shout for joy!** — *Psalm 32:11 (GNB)*

12) Come, my children, **listen** as I **teach** you to **respect** the LORD. — *Psalm 34:11 (CEV)*

13) And when your people meet, I will **praise** you and **thank** you, Lord, **in front of them all.** — *Psalm 35:18 (CEV)*

14) and you gave me a **new song,** a **song of praise** to you. Many will **see** this, and they will **honour** and **trust** you, the LORD God. — *Psalm 40:3 (CEV)*

15) You **bless** all of those who **trust** you, LORD, and **refuse** to **worship idols** or follow **false** gods. — *Psalm 40:4 (CEV)*

16) All you **nations, clap** your **hands** and **shout joyful praises** to God. — *Psalm 47:1 (CEV)*

17) Help me to **speak,** Lord, and I will **praise** you. — *Psalm 51:15 (GNB)*

18) As long as I **live,** I will **pray** to you. — *Psalm 63:4 (CEV)*

19) It is **wonderful** to be **grateful** and to **sing** your **praises,** LORD Most High! — *Psalm 92:1 (CEV)*

20) Bow down and **worship** the LORD our **Creator!** — *Psalm 95:6 (CEV)*

21) Worship the LORD with **joy;** come before him with **happy songs!** — *Psalm 100:2 (GNB)*

22) Be thankful and **praise** the LORD as you **enter** his **temple.** — *Psalm 100:4 (CEV)*

23) Praise the LORD, my soul! All my **being, praise** his **holy name!** — *Psalm 103:1 (GNB)*

24) I will **sing** to the **LORD** all my life; as long as I live I will **sing praises** to my **God.**
— *Psalm 104:33 (GNB)*

25) Raise your hands in prayer in the **Temple**, and **praise** the **LORD**!
— *Psalm 134:2 (GNB)*

26) The LORD is **great** and is to be **highly** praised; his **greatness** is beyond **understanding.**
— *Psalm 145:3 (GNB)*

27) Praise him for the **mighty things** he has done. Praise his **supreme greatness.** — *Psalm 150:2 (GNB)*

29) Honour the LORD by **giving him** your money and the **first part** of all your **crops.** — *Proverbs 3:9 (CEV)*

28) Praise him with **drums** and **dancing**. Praise him with **harps** and **flutes.** — *Psalm 150:4 (GNB)*

30) The **Lord** said, "These people **claim** to **worship** me, but their **words** are **meaningless**, and their **hearts** are **somewhere else.** Their **religion** is nothing but **human rules** and **traditions,** which they have simply **memorized.** — *Isaiah 29:13 (GNB)*

31) But the time is coming and is already here, when by the **power** of **God's Spirit** people will **worship** the Father as he **really is,** offering him the **true** worship that he **wants.** — *John 4:23 (GNB)*

32) God is **Spirit,** and only by the **power** of his **Spirit** can people worship him as he **really is."**
— *John 4:24 (GNB)*

33) So then, my brothers and sisters, because of **God's great mercy to us** I appeal to you: **offer yourselves** as a **living sacrifice** to God, dedicated to his service and **pleasing** to **him.** This is the **true worship** that you should **offer.** — *Romans 12:1 (GNB)*

34) God paid a **great price** for you. So use your **body** to **honour** God.
— *1 Corinthians 6:20 (CEV)*

35) When you **meet together, sing psalms, hymns,** and **spiritual songs,** as you **praise the Lord** with all your **heart.**
— *Ephesians 5:19 (CEV)*

36) Christ's **message** in all its **richness** must **live** in your **hearts. Teach** and **instruct** each other with all **wisdom.** Sing **psalms, hymns,** and **sacred songs;** sing to God with **thanksgiving** in your **hearts.** — *Colossians 3:16 (GNB)*

37) If you have the **gift of speaking,** preach **God's message.** If you have the gift of **helping** others, do it with the strength that **God supplies.** Everything should be done in a way that will bring **honour** to **God** because of **Jesus Christ,** who is **glorious** and **powerful** for ever. Amen. — *1 Peter 4:11 (CEV)*

38) "Our **Lord** and **God,** you are worthy to receive **glory, honour,** and **power.** You created **all things,** and by your decision they are and were **created.**"
— *Revelation 4:11 (CEV)*

39) Then I heard **all beings in heaven** and on the **earth** and **under** the earth and in the **sea** offer **praise.** Together, all of them were saying, "**Praise, honour, glory,** and strength **for ever** and **ever** to the **one who sits on the throne** and to the **Lamb!**"
— *Revelation 5:13 (CEV)*

Chapter 54
Your Baptism

Read On: Feb 23rd | April 19th | June 14th | Aug 9th | Oct 4th | Nov 29th

1) So **Jesus** was **baptized.** And as soon as he came out of the water, the **sky opened,** and he saw the **Spirit of God** coming down **on him** like a dove. — *Matthew 3:16 (CEV)*

2) So **John** the **Baptist** appeared in the desert and told everyone, "**Turn back to God** and be **baptized!** Then your **sins** will be **forgiven.**" — *Mark 1:4 (CEV)*

3) John also told the people, "Someone **more powerful is going to come.** And I am not good enough even to stoop down and untie his sandals. — *Mark 1:7 (CEV)*

4) I **baptize** you with **water,** but he will **baptize** you with the **Holy Spirit!**" — *Mark 1:8 (CEV)*

5) About that time Jesus came from Nazareth in Galilee, and **John baptized him** in the River Jordan. — *Mark 1:9 (CEV)*

6) As soon as **Jesus** came **out of the water,** he saw the **sky open** and the **Holy Spirit** coming down to him like a dove. A voice from heaven said, "**You are my own dear Son,** and I am **pleased with you.**" — *Mark 1:10-11 (CEV)*

7) So John said to all of them, "I **baptize** you with **water,** but someone is coming who is much **greater** than I am. I am not good enough even to untie his sandals. He will **baptize** you with the **Holy Spirit and fire.** — *Luke 3:16 (GNB)*

8) All the people heard him; they and especially the tax collectors were the ones who had **obeyed** God's righteous **demands** and had been **baptized** by John. — *Luke 7:29 (GNB)*

9) But the Pharisees and the teachers of the Law **rejected** God's **purpose** for **themselves** and **refused** to be **baptized** by John.
— *Luke 7:30 (GNB)*

10) Jesus answered him, I **assure** you, most solemnly I tell you, that **unless** a person is **born again** (anew, from above), he **cannot** ever see (**know**, be **acquainted** with, and **experience** the kingdom of God.
— *John 3:3 (AMP)*

11) "I am telling you the truth," replied Jesus. "No one can **enter** the **kingdom of God** without being **born of water** and the **Spirit**.
— *John 3:5 (GNB)*

12) What is **born** of [from] the **flesh** is flesh [of the **physical** is physical]; and what is **born of the Spirit** is spirit. — *John 3:6 (AMP)*

13) Do not be **surprised** because I tell you that **you must all be born again.**
— *John 3:7 (GNB)*

14) The wind blows (breathes) where it wills; and though you hear its sound, yet you neither know where it comes from nor where it is going. **So it is with everyone who is born of the Spirit.** — *John 3:8 (AMP)*

15) Before **Jesus** began his **work,** John preached to all the people of Israel that they should **turn** from their **sins** and be **baptized**.
— *Acts 13:24 (GNB)*

16) And Paul said, **John baptized** with the **baptism of repentance,** continually telling the people that they should **believe** in **the One** Who was to come **after him,** that is, in **Jesus** [having a conviction full of joyful trust that He is **Christ, the Messiah,** and being obedient to Him]. — *Acts 19:4 (AMP)*

17) Paul said, "The **baptism of John** was for those who **turned from their sins;** and he told the people of Israel to **believe** in the one who was coming **after him**—that is, **in Jesus."** — *Acts 19:4 (GNB)*

18) When they heard this, they were **baptized** in the name of the **Lord Jesus.** — *Acts 19:5 (GNB)*

19) Paul placed his **hands** on them, and the **Holy Spirit** came **upon them;** they spoke in **strange tongues** and also **proclaimed** God's **message.** — *Acts 19:6 (GNB)*

20) When we were **baptized,** we died and were buried with Christ. We were baptized, so that we would live **a new life,** as Christ was **raised to life** by the **glory of God** the Father. — *Romans 6:4 (CEV)*

21) If we **shared in Jesus'** death by being **baptized,** we will be **raised** to life **with him.** — *Romans 6:5 (CEV)*

22) We know that our **old (unrenewed) self** was nailed to the cross with **Him** in order that [our] body [which is the **instrument**] of **sin** might be made **ineffective** and **inactive** for **evil,** that we might **no longer** be the **slaves** of **sin.** — *Romans 6:6 (AMP)*

23) For when a man dies, he is **freed** (loosed, delivered) from [the **power** of] **sin** [among men]. — *Romans 6:7 (AMP)*

24) We have only **one Lord,** one **faith,** and one **baptism.** — *Ephesians 4:5 (CEV)*

25) There is **one God** who is the **Father** of all **people.** Not only is God **above all others,** but he works **by using** all of us, and **he lives in** all of us. — *Ephesians 4:6 (CEV)*

26) In Him also you were circumcised with a circumcision not made with hands, but in a [spiritual] circumcision [performed by] Christ by stripping off **the body of the flesh** (the whole **corrupt, carnal nature** with its **passions** and **lusts**) . — *Colossians 2:11 (AMP)*

27) [Thus you were circumcised when] you were buried with Him in [your] **baptism,** in which you were also **raised** with Him [to a **new life**] through [your] **faith** in the **working of God** [as displayed] when He **raised Him up** from the **dead.** — *Colossians 2:12 (AMP)*

28) You were at one time **spiritually dead** because of your **sins** and because you were Gentiles without the Law. But God has now **brought you to life** with **Christ.** God **forgave** us all our **sins.** — *Colossians 2:13 (GNB)*

29) God **wiped out** the **charges** that were against us for **disobeying** the Law of Moses. He **took them away** and nailed them to the **cross.** — *Colossians 2:14 (CEV)*

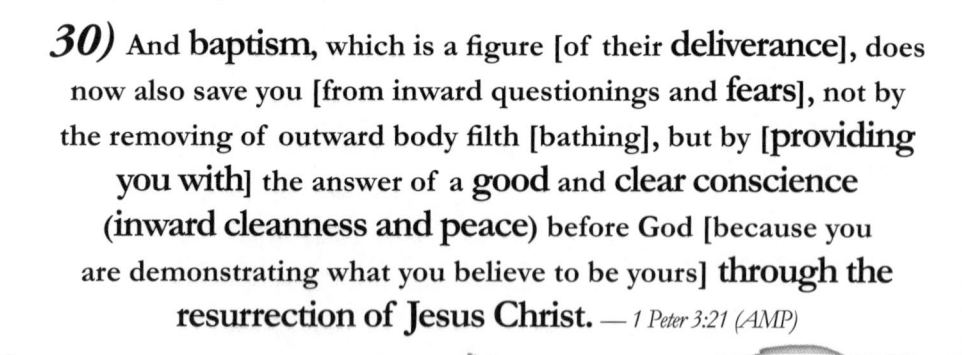

30) And **baptism,** which is a figure [of their **deliverance**], does now also save you [from inward questionings and **fears**], not by the removing of outward body filth [bathing], but by [**providing you with**] the answer of a **good** and **clear conscience** (**inward cleanness and peace**) before God [because you are demonstrating what you believe to be yours] **through the resurrection of Jesus Christ.** — *1 Peter 3:21 (AMP)*

31) Everyone who **believes** (**adheres** to, **trusts,** and **relies** on the **fact**) that **Jesus is the Christ** (the Messiah) is a **born-again child of God;** and everyone who **loves the Father** also **loves** the one born of Him (His **offspring**) . — *1 John 5:1 (AMP)*

32) If we **love** and **obey God,** we know that we will **love** his **children.** — *1 John 5:2 (CEV)*

33) We show our **love for God** by **obeying** his **commandments,** and they are **not hard to follow.** — *1 John 5:3 (CEV)*

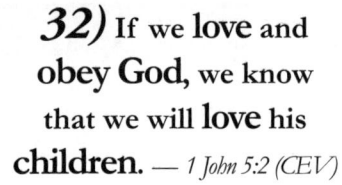

34) Every child of God can **defeat the world,** and our **faith** is what gives us this **victory.** — *1 John 5:4 (CEV)*

35) No one can **defeat** the **world** without having **faith** in **Jesus** as the **Son of God.** — *1 John 5:5 (CEV)*

Chapter 55
Fasting & Prayer

Read On: Feb 24th | April 20th | June 15th | Aug 10th | Oct 5th | Nov 30th

1) Then all the Israelites, the whole army, went up and came to the house of God [Bethel] and wept; and they sat there before the **Lord** and **fasted that day until evening** and **offered** burnt **offerings** and **peace offerings** before the **Lord**. — *Judges 20:26 (AMP)*

2) So they all gathered at Mizpah. They drew some water and poured it out **as an offering to the LORD** and **fasted that whole day**. They said, "We have sinned **against the LORD**." (It was at Mizpah that Samuel settled disputes among the Israelites. — *1 Samuel 7:6 (GNB)*

3) David **tore** his clothes in **sorrow**, and all his men did the same. ¹²They **grieved** and **mourned** and **fasted** until **evening** for **Saul** and Jonathan and for Israel, the people of the **LORD**, because so many had been killed in battle.
— *2 Samuel 1:11–12 (GNB)*

4) Then Nathan went home. The LORD caused the child that Uriah's wife had borne to David to become very ill. ¹⁶David **prayed to God** that the child would get well. He **refused to eat anything**, and every night he went into his room and spent the night lying on the floor. — *2 Samuel 12:15-16 (GNB)*

5) His officials said, "What are you doing? **You went without eating** and **cried** for your son while he was alive! But now that he's dead, you're up and eating." — *2 Samuel 12:21 (CEV)*

6) David said, While the child was still alive, **I fasted and wept**; for I said, **Who knows whether** the **Lord** will be **gracious to me** and let the child live? ²³But now he is dead; why should I fast? Can I bring him back again? I shall go to him, but he will not return to me.— *2 Samuel 12:22–23 (AMP)*

7) And the word of the Lord came to Elijah the Tishbite, saying, ²⁹Do you see how Ahab **humbles** himself before Me? Because he humbles himself before Me, **I will not bring the evil in his lifetime,** but in his son's day I will bring the evil upon his house. — *1 Kings 21:28–29 (AMP)*

8) So we **fasted** and **prayed** for **God** to **protect** us, and he **answered** our **prayers.** — *Ezra 8:23 (GNB)*

9) When I heard this, I sat down and wept and mourned for days and **fasted** and **prayed [constantly]** before the God of heaven, ⁵And I said, **O Lord God of heaven,** the **great** and **terrible God,** Who keeps **covenant, loving—kindness,** and **mercy** for those who **love** Him and **keep** His commandments. — *Nehemiah 1:4-5 (AMP)*

10) Let Your ear now be **attentive** and Your eyes **open to listen to the prayer of Your servant** which I pray before You **day** and **night** for the Israelites, Your servants, **confessing the sins** of the Israelites which we have sinned against You. Yes, I and my **father's house** have sinned . ⁷We have acted very **corruptly** against You and have not kept the **commandments, statutes,** and **ordinances** which You **commanded** Your servant Moses. — *Nehemiah 1:6-7 (AMP)*

11) On the 24th day of the same month the people of Israel assembled to **fast** in order to show **sorrow for their sins.** They had already **separated themselves** from all foreigners. They wore sackcloth and put dust on their heads as signs of grief. Then they stood and began to **confess the sins** that they and their **ancestors** had **committed.** — *Nehemiah 9:1-2 (GNB)*

12) The people ask, "Why should we fast if the LORD never notices? Why should we go without food if he pays no attention?" The LORD says to them, "The truth is that at the same time **as you fast,** you pursue your own **interests** and **oppress** your **workers.** — *Isaiah 58:3 (GNB)*

13) Your **fasting** makes you **violent,** and you **quarrel** and **fight.** Do you think this kind of **fasting** will make me **listen** to your **prayers?** — *Isaiah 58:4 (GNB)*

14) "The kind of **fasting** I want is this: remove the **chains** of **oppression** and the yoke of **injustice,** and let the **oppressed** go free. ⁷**Share** your **food** with the **hungry** and **open** your **homes** to the **homeless poor.** Give **clothes** to those who have **nothing to wear,** and do not refuse to help your own **relatives.** — *Isaiah 58:6-7 (GNB)*

15) "Then my **favour** will **shine** on you like the morning sun, and your wounds will be quickly **healed.** I will always **be with you** to **save** you; my presence will **protect** you on every side. ⁹When you **pray,** I will **answer you.** When you **call to me,** I will **respond.** "If you put an end to **oppression,** to every gesture of **contempt,** and to every **evil word.** — *Isaiah 58:8–9 (GNB)*

16) if you give **food** to the **hungry** and **satisfy** those who are in **need,** then the **darkness around you** will turn to the **brightness** of noon. — *Isaiah 58:10 (GNB)*

17) The LORD said: **It isn't too late.** You can still **return to me** with all your heart. Start crying and mourning! **Go without eating.** — *Joel 2:12 (CEV)*

18) And I will always **guide** you and **satisfy** you with **good things.** I will keep you **strong** and well. You will be like a garden that has **plenty of water,** like a spring of water that never **runs dry.** — *Isaiah 58:11 (GNB)*

19) Don't rip your clothes to show your sorrow. Instead, **turn back to me** with **broken hearts.** I am **merciful, kind,** and **caring.** I don't easily **lose my temper,** and I don't like to **punish.** — *Joel 2:13 (CEV)*

20) I am the **LORD** your **God.** Perhaps I will change my mind and treat you with **mercy.** Then you will be **blessed** with enough grain and wine for offering sacrifices to me.
— *Joel 2:14 (CEV)*

21) Sound the trumpet on Zion! Call the people together. Show your **sorrow** by going **without food.**
— *Joel 2:15 (CEV)*

22) The Holy Spirit led Jesus into the desert, so that the devil could **test him.** ²After Jesus had **gone without eating** for **forty days** and **nights,** he was very **hungry.** — *Matthew 4:1-2 (CEV)*

23) Then the devil **came** to **him** and **said,** "If you are God's Son, tell these stones to turn into bread."
— *Matthew 4:3 (CEV)*

24) Jesus answered, "**The Scriptures say:** 'No one can live only on **food.** People need **every word** that **God** has **spoken.**'" — *Matthew 4:4 (CEV)*

25) "And when you **fast,** do not put on a **sad face** as the **hypocrites** do. They neglect their **appearance** so that everyone will see that they are **fasting.** I assure you, they have already been paid **in full.**
— *Matthew 6:16 (GNB)*

26) When you go **without food,** wash **your face** and **comb your hair,** ¹⁸so that others **cannot know** that you are **fasting** — only your **Father, who is unseen,** will know. And your Father, **who sees** what you do in **private,** will **reward** you.
— *Matthew 6:17-18 (GNB)*

27) But only **prayer** and **fasting can drive** this kind **out;** nothing else can.
— *Matthew 17:21 (GNB)*

28) When Jesus returned from the River Jordan, the **power** of the **Holy Spirit** was **with him,** and the **Spirit led** him into the desert. ²For forty days Jesus was **tested** by the devil, and during that time he went **without eating.** When it was **all over,** he was hungry.

— *Luke 4:1-2 (CEV)*

30) While they were **worshiping** the Lord and **fasting,** the **Holy Spirit** said, Separate now for Me Barnabas and Saul for the **work** to which I have **called them.** ³Then after **fasting** and **praying,** they put their **hands** on **them** and **sent** them away. — *Acts 13:2-3 (AMP)*

31) Paul and Barnabas chose some leaders for each of the churches. Then they went without **eating** and **prayed** that the **Lord** would take **good care** of these leaders. — *Acts 14:23 (CEV)*

Chapter 56
Overcoming the Evil One

Read On: Feb 25th | April 21st | June 16th | Aug 11th | Oct 6th | Dec 1st

1) Now the serpent was more **subtle** and **crafty** than any living creature of the field which the Lord God had made. And he [Satan] said to the woman, Can it **really** be that **God has said,** You shall not eat from every tree of the garden? — *Genesis 3:1 (AMP)*

2) Jesus answered, "The Scriptures say: '**Worship** the **Lord** your **God** and **serve** only him!'" — *Luke 4:8 (CEV)*

3) Jesus answered, "The Scriptures also say, '**Don**'t try to **test** the **Lord** your **God**!'" — *Luke 4:12 (CEV)*

4) Jesus answered them, "I saw Satan **fall** like **lightning** from heaven. ¹⁹Listen! I have given you **authority**, so that you can **walk on** snakes and scorpions and **overcome** all the **power** of the **Enemy**, and **nothing** will **hurt you**. — *Luke 10:18–19 (GNB)*

5) The **thief** comes only in order to **steal, kill,** and **destroy**. I have come in order that you might have **life** – life in all its **fullness**. — *John 10:10 (GNB)*

6) And God, our **source** of **peace,** will soon **crush** Satan **under your feet**. The **grace** of our **Lord Jesus** be with you. — *Romans 16:20 (GNB)*

7) When you **forgive someone** for what he or she has **done**, I **forgive** them **too**. For when I forgive – if, indeed, I need to forgive anything – I do it in **Christ's presence** because of you, ¹¹in order to keep Satan from getting the **upper hand of us**; for we **know** what his **plans** are. — *2 Corinthians 2:10–11 (GNB)*

8) Stay **away** from **people** who are not **followers** of the **Lord**! Can someone who is **good** get along with someone who is **evil**? Are **light** and **darkness** the same? ¹⁵Is **Christ** a friend of Satan? Can people who follow the **Lord** have anything in common with those who **don't**?

— *2 Corinthians 6:14-15 (CEV)*

9) And so the Lord says, "You must **leave them** and **separate yourselves** from them. Have **nothing** to do with what is **unclean**, and I will **accept** you. ¹⁸I will be your **father,** and you shall be my **sons and daughters,** says the Lord Almighty."

— *2 Corinthians 6:17–18 (GNB)*

10) Don't get so **angry** that you **sin**. Don't go to bed **angry** ²⁷and **don't give** the devil a chance. — *Ephesians 4:26-27 (CEV)*

11) In conclusion, **be strong in the Lord** [be empowered through your **union with Him**]; draw your **strength** from **Him** [that strength which His boundless might **provides**].

— *Ephesians 6:10 (AMP)*

12) We are not **fighting against humans.** We are fighting against **forces** and **authorities** and against **rulers** of **darkness** and **powers** in the **spiritual world.**

— *Ephesians 6:12 (CEV)*

13) So put on all the **armour** that God gives. Then when that evil day comes, you will be able to **defend yourself.** And when the battle is **over,** you will **still be standing firm.**

— *Ephesians 6:13 (CEV)*

14) And accept **salvation** as a **helmet,** and the **word of God** as the **sword** which the **Spirit** gives you. — *Ephesians 6:17 (GNB)*

15) Never stop praying, especially for others. Always **pray** by the **power of the Spirit.** Stay **alert** and keep **praying** for God's people. — *Ephesians 6:18 (CEV)*

16) Yet the Lord is **faithful**, and He will **strengthen** [you] and set you on a **firm foundation** and guard you from the **evil [one]**. — *2 Thessalonians 3:3 (AMP)*

17) So then, **submit to God. Resist** the Devil, and he will **run away** from you. — *James 4:7 (GNB)*

18) Be well balanced (**temperate, sober of mind**), be vigilant and **cautious at all times;** for that **enemy of yours**, the devil, roams around like a lion roaring [in fierce hunger], **seeking someone to seize upon** and **devour.** — *1 Peter 5:8 (AMP)*

19) But you must **resist** the devil and **stay strong in your faith.** You know that all over the world the **Lord's followers** are suffering **just as you are.** — *1 Peter 5:9 (CEV)*

20) I am writing to you, **fathers,** because you **know him** who has existed from the beginning. I am writing to you, **young people,** because you have **defeated** the Evil One. — *I John 2:13 (GNB)*

21) I am writing to you, **my children,** because you know the Father. I am writing to you, **fathers,** because you **know him** who has existed from the beginning. I am writing to you, **young people,** because you are **strong;** the **word of God lives in you,** and you have **defeated** the Evil One. — *I John 2:14 (GNB)*

22) Don't **love** the **world** or anything that **belongs** to the **world.** If you **love** the world, you cannot love the **Father.** — *1 John 2:15 (CEV)*

23) Our foolish **pride** comes from this **world,** and so do our **selfish desires** and our desire to have **everything we see.** None of this **comes from** the Father. — *1 John 2:16 (CEV)*

24) And the **world** passes away **and disappears,** and with it the **forbidden cravings** (the **passionate desires,** the **lust**) of it; but he who **does the will of God** and carries out **His purposes** in his **life** abides (remains) **forever.**
— *1 John 2:17 (AMP)*

25) Whoever **continues to sin** belongs to the Devil, because the Devil has sinned from the very beginning. The **Son of God** appeared for this **very reason,** to **destroy** what the Devil had **done.**
— *1 John 3:8 (GNB)*

26) God's children cannot keep on being **sinful.** His **life—giving power lives in them** and makes them his children, so that they cannot keep on sinning. — *1 John 3:9 (CEV)*

27) This is the clear **difference** between **God's children** and the Devils children: all who do not do **what is right** or do not **love others** are not **God's children.** — *1 John 3:10 (GNB)*

28) We are sure that God's children **do not keep on sinning.** God's own Son **protects them,** and the devil cannot **harm** them.
— *1 John 5:18 (CEV)*

Other Books By
Scripture Therapy Resources

Scripture Therapy
Daily Devotional
for **Men**

Scripture Therapy
Daily Devotional
for **Women**

Scripture Therapy
Daily Devotional
for **Teens**

Scripture Therapy
Daily Devotional
for **Children (8-12)**

Scripture Therapy
Daily Devotional
for **Success**

For new and upcoming releases visit our website at
www.ScriptureTherapy.com

TESTIMONIES

Dear reader,

If this devotional has been a blessing to you or someone you know we would love to hear from you.

Kindly share your testimony with us using the space provided below.
Detach and send to:
Scripture Therapy Resources
P. O. Box 68475
London N16 1EJ
UK

Or email it to: Testimonies@ScriptureTherapy.com

.... DETACH HERE ....

MY TESTIMONY _____
_____
_____
_____
_____
_____
_____
_____
_____
_____
_____
_____
_____
_____
_____

Name: _____

Email Address: _____

Phone (Optional): _____